参与和民主理论

PARTICIPATION AND DEMOCRATIC THEORY

CAROLE PATEMAN

[美] 卡罗尔·佩特曼 著

陈 尧 译

东方编译所译丛

上海人民出版社

推荐序言

呈现在读者面前的这本《参与和民主理论》(*Participation and Democratic Theory*),作为"参与民主"(participatory democracy)理论的奠基作,是较早对当代西方主流民主理论提出质疑和挑战的政治学名著之一,也是当代民主理论的重要文献之一。本书于 1970 年出版后迄今被重印 20 余次,在西方政治学以及社会科学领域具有很大的影响。陈尧博士将此书译移到国内,可谓独具慧眼,对于我国政治学特别是民主理论研究是一个独特的贡献。

本书作者卡罗尔·佩特曼(Carole Pateman)教授是国际知名的政治理论家,1996 年当选为美国艺术与科学院院士,2004 年获得英国政治研究会终身成就奖。她先后担任过澳大利亚政治学协会主席和国际政治科学协会(IPSA)主席(1991—1994 年),也是国际政治科学协会的第一位女主席。佩特曼女士出生于英格兰,早年获得牛津大学博士学位,曾在欧洲、澳大利亚和美国的大学和研究所从事教学和研究工作,目前任教于加利福尼亚大学洛杉矶分校政治学系。其主要研究领域为民主理论、契约理论和女权主义理论,主要著作除本书外,还有《政治责任的问题:对自由理论的批评》(1979 年)、《性契约》(1988 年)和《女性的失序:民主、女权主义与政治理论》(1989 年)等。

顾名思义,《参与和民主理论》是对政治参与和民主理论之间的关系进行研究的专著。从表面上看,民主意味着参与,这似乎是一个不言自明的命题。然而,在民主理论的发展长河中,民主和参与实际上存在着巨大的张力。要深刻理解本书的价值和要义,首先要对民主理论本身进行梳理和分析。

民主理论的流变：从共和主义到自由主义

“民主”是当今时代人们使用很高的政治学术语，但也是被滥用得最厉害的一个概念。从古至今，民主理论可谓形形色色，并有各种不同的称谓，如直接民主、代议民主、精英民主、多元民主、自治民主、参与民主、协商民主、自由主义民主、共和主义民主、马克思主义民主、保护型民主、发展型民主，等等。其中，共和主义民主和自由主义民主的分野与争论，是民主理论演化的主线。

从学理上说，在政治思想的历史长河中，民主究竟意味着某种大众化的权力(如人民当家作主、人民的统治、自治等)，还是为达成政治决定而作出的制度安排(如通过选举竞争领导权)，存在着根深蒂固的冲突。前者代表了古典民主理论的传统，发源于古代雅典的城邦，根深蒂固；后者则代表了现代民主的新模式，滥觞于英美等早发现代化国家，并被西方以外的政治体系广泛采用。

古代雅典的直接民主是建立在公民大会直接表决、全体参与的基础上，这种公民表决式的民主得到了许多人的赞赏，被认为既服从理性主义又服从经验主义的原则。可以说从古典时代到17世纪，当人们思考“民主”的时候，基本上只是把它同公民在议会和公共会议场所的集会相联系，就像雅典的城邦民主那样。但是，古代雅典的民主制在人类政治社会的历史上并不是常态，城邦是一个集宗教、政治和道德于一体的尝试，而这种尝试被证明并不长久，也是脆弱的。在亚里士多德那里，雅典式民主是一种腐朽的、暴民统治的变态政体。

更为重要的是，近代以来政治共同体庞大的公民数量必然会实际限制这种古典民主形式的发展，以致像卢梭那样的人民民主的捍卫者最后只能认为民主只适合于小国寡民。同时，这种形式的民主在近代也受到更多的怀疑和批评。在美国“宪法之父”詹姆斯·麦迪逊(James Madison)的著作中，“纯粹民主制”(他用这一术语指代“由数量不多的公民构成且公民们亲自组成并管理政府”的社会)一直是不宽容的、不公正的和不稳定的。

到了19世纪初,“民主”开始被视为公民以民选代表为中介手段参与决定集体意志的权利。约翰·斯图亚特·密尔(John Stuart Mill)是自由主义民主在理论与实践方面结合的最好代表,近代政治生活中的代议制民主正是在密尔的阐述中得到发扬并成为几乎所有早期民主国家的政治实践形式。近代社会之前的政治形态是以神圣的精英统治为核心,但在社会经济变革的宏观背景下,政治形式不断发生变革,特别是以政治参与的扩大推动了民主的形成。密尔的理论在经验主义的基础上进行了调和,将大众参与和精英统治结合起来,设计出一种代议制政府的模式。但是,密尔的目的不在于如何扩大公民的参与,而在于如何使精英统治获得一种合法的大众化基础,即寻求一种理想上最好的政府形式。

从经验的层面,一种保护型的自由主义民主逐渐成为民主理论家们的共识:寻求一种保护个人利益免受国家侵害的民主机制。这种“代议制”(亦称“代表制”)民主理论从根本上改变了民主在人数上的限制条件,而这曾经是众多反民主观点的关键理由。代议民主制被奉为既负责又可行的政体,在巨大的领土和时间范围上可望实现长治久安。如詹姆斯·密尔(James Mill)所言,它甚至可被推崇为“现代性的伟大发现”。于是,民主政府的理论和实践摆脱了以往它与小国寡民的传统联系,并开始成为正在崛起的由民族国家所构成的世界的合法性信念。

由此,近代以后民主理论就分化为两大基本的流派:其一是共和主义取向的,直接民主、参与民主理论均属此类,主张对于公共事务由公民直接介入进行决策,这是民主制的“原型”;其二是自由主义取向的,或称代议制民主理论,倡导由经选举产生的“官员”在严格界定的地域内行使权力以“代表”公民的利益或主张并坚持“法治”。而且,自由主义民主(即代议制民主)在当今世界逐步成为了民主的主流理论和主导模式,而主张“人民的统治”的共和模式几乎变成了一种单纯的理论思辨或假说。因此,佩特曼教授在本书中把自由主义民主理论直接称为“当代民主理论”或普遍接受的“正统学说”,虽然她非常不满于这一现状。

共和制民主与代议制民主的这种消长关系,在约瑟夫·熊彼特(Joseph Schumpeter)那里得到了最为淋漓尽致的表述。在《资本主义、社会主义与民主》一书中,熊彼特断言:"就'人民'和'统治'两词的任何明显意义而言,民主政治并不意味也不能意味人民真正在统治。民主政治的意思只能是:人民有接受或拒绝将要来统治他们的人的机会。"在熊彼特看来,民主实质上就是一种方法——就是那种为作出政治决定而实现的制度安排,在这种安排中,某些人通过争取人民选票取得作出决定的权力。这实际上就是把民主政治与选举竞争画了等号。这种观点,后来被概括为"精英民主理论",它实际是把民主政治的重心从公民(或人民)转向了政治家,或者说从公民参与转向了选举竞争,用熊彼特的话说,"民主政治就是政治家的统治"。时至今日,"选举竞争"实际上已经构成了国际社会判断一个政体是否是民主政体的实际准绳,成为当今世界的主流民主标准。至少,按照国际知名民主理论家拉里·戴蒙德(Larry Diamond)的观点,选举是"民主的底线"。

当然,自由主义民主或者说代议制民主的含义比上述民主的"底线"定义要丰富一些。正像著名的民主理论家罗伯特·A.达尔(Robert A. Dahl)所概括的,自由主义民主的特点就在于形成了一系列的规则和制度,而且这些规则和制度对于国家的成功运转是必不可少、缺一不可的,它们是:(1)以宪法的形式确立了对民选官员制订政府政策的控制;(2)建立了在经常的、公正和自由的选举中选择并和平更迭被选举的官员的机制;(3)在选举中,每个成年人都享有投票权(法律明文规定的严重精神病患者和罪犯除外);(4)竞选公职的权利;(5)每个公民都拥有言论自由的充分权利,包括对政府行为及其社会经济制度的批评;(6)可获得的信息资源不为政府或任何其他单独的实体与集团所控制;(7)公民拥有建立和加入独立社团的权利,无论这些社团是政治性的、社会性的还是文化性的,都将通过合法的、和平的手段来构成公共生活。

民主与参与的悖论:政治参与的历史命运

然而,正如一位西方马克思主义学者阿列克斯·卡利尼科斯(Alex

Callinicos)所言，对于自由主义民主所承诺的包括政治参与在内的任何一条民主诺言而言，“实际存在的自由主义民主制也未能兑现”。因为其突出的问题如存在着在很大程度上被动的公民群体，以及代议机构被非经选举产生的权力中心（如官僚机构）所侵蚀和取代，等等。这就出现了一个问题，自由主义民主在经验上是否可以保障公民的政治参与？在规范上是否又认为应该这样做？

应当说，民主和参与本来是不可分的。撇开古希腊的直接民主不说，16、17世纪以来近代民主发展的历史，不管是从封建主义或绝对主义转变为代议制民主、从有限选举演进为竞争性的普选，还是公民政治权利在内容和范围上的扩大，无不是以政治参与的扩大为内涵。普选权的建立就证明了这一点，在英美等西方发达国家，选举权最开始只是限于很少一部分成年公民，经过漫长的发展最后才确立了普选权，例如在美国普选权的完全确立是1971年宪法第26条修正案所规定的。

但是，在自由主义民主框架下的、以选举权扩大为核心的政治参与，与共和主义民主传统所主张的公民参与，实在是大相径庭。自由主义民主所主张的参与，是保障民主制度能够正常运行的最低限度的参与，远不是佩特曼等参与民主理论家们所认可的那种“参与”。

应当承认，在民主理想的传统中，“参与”是居于核心的地位的。即使到了近代，依然有卢梭这样的著名思想家作为参与民主理论的卓越的代表。卢梭在《社会契约论》中对政治体系本质的理解对于参与民主理论的形成起到了奠基性的作用。卢梭的政治理论集中围绕政治决策过程中每个公民的个人参与，在他的理论中，参与不仅仅是一套民主制度安排中的保护性附属物，它也对参与者产生一种心理效应，能够确保在政治制度运行和在这种制度下互动的个人的心理品质和态度之间具有连续的关联性。卢梭所指的“参与”是指参与决策过程，而且，就像代议制政府理论一样，它是一种保护私人利益和确保好政府的方式。卢梭将自由的概念建立在参与活动的坚实基础上，他认为除非每个人通过参与过程“被迫”做出具有社会责任的行为，否则将不存在保障每个人自由的法律，即不存在公意或个人服从于自己的那种正义法则。个人实际上的自由以及他对自由的感受，通过决策过程中的参与而得到提高，因为参与赋予了他一定程度上对自己的生活和他周围的环境进行控制的能力。由此,卢梭也将参与看作能够提高个人自由价值,使个人成为自己的主人。从这个意义上,卢梭的参与民主思想与古代雅典的民主观念一脉相承。

然而,以参与为核心的民主理论并没有成为早期民主国家实践自由的指导,相反,这一思想由于其激进的特点而被现代民主理论弃之一旁。如前所述,以熊彼特为代表的当代主流民主理论中,民主指的是在全国层次上的一种政治方法或一套制度安排。这种方法中民主的核心就是领导者在定期的、自由的选举活动中通过竞争获得人民的选票。其中,对于民主而言选举是关键性的,因为主要是通过选举大多数人能够对他们的领导者施加控制。就大多数人而言,"参与"是指人民参加选举活动或广泛参加决策者的选择。因此,在这些民主理论中参与的唯一功能就是起到保护性的作用,保护个人免受当选领导者独裁决定的影响,保护公民个人的私人利益。

这里姑且把熊彼特式的参与形式定义为"狭义的参与",而把参与民主理论视野下的参与界定为"广义的参与"。按照这样的概念进行分析,不难发现,"广义的参与"在现代民主理论和实践中是遭到排斥的,而且这种排斥还被视为是理性的。正如佩特曼教授在本书一开始就指出的那样,参与思想"在政治理论家和政治社会学家所普遍接受的民主理论(如此普遍以至于可以称之为正统学说)中却只是占有最为低微的地位。的确,参与思想不仅在民主理论中地位低微,而且近来民主理论的一个显著特征是强调大众广泛参与的政治所具有的内在危险"。

之所以会出现这种担心,是基于两个判断:一是 20 世纪初工业社会的巨大规模及其复杂性,官僚组织形式的出现,引发了许多具有实证主义思维的政治学者对于通常所理解的民主的实现可能性产生了严重的怀疑;二是来源于自由主义对民主理论的关注点,特别是 20 世纪对极权政治贻害的警惕。魏玛共和国的崩溃以及魏玛共和国高度的大众参与,最后竟然演变成法西斯主义的教训深深烙印在西方人的心中。不仅如此,第二次世界大战以后一些建立在大众参与基础上的极权政权,也往往让人们相信参与是与极权主义联系在一起,而不是与民主制度联系在一起。

相反,对大多数西方民主国家进行的大规模的政治态度和政治行为的调查数据表明,大多数公民的政治行为所体现的一个显著特征是普遍缺乏对政治活动的兴趣。正如伯纳德·贝雷尔森(Bernard Berelson)在研究公民政治投票活动时观察到的一个悖论(参见本书第一章),即“今天的单个投票者已经无法满足政治理论家在建构民主政府制度时所提出的条件。但是民主制度并不能符合一个正在运行的政治组织的条件。单个成员不符合所有的这些标准,但整个制度却生存下来并不断发展”。从这一观点出发,就像佩特曼所说,人们可以看到只要求少数公民对政治生活有着高度的参与和兴趣,大多数公民的冷漠和不感兴趣对于维持整个政治体系的稳定是重要的。如果民主体系维持稳定,就需要特定的条件。大多数人对政治生活的参与,不应该超过维持民主方法(选举机制)运行的最低水平。

由此,当代的民主政治就不再像古典民主那样,把公民参与作为一个基本条件,而恰恰是一个公民参与既不必要也不受欢迎的政治形式。这一“民主”与“参与”的悖论,不仅饶有趣味,而且发人深思。

参与民主的复兴:《参与和民主理论》的主旨

上述具有精英主义色彩的民主理论在当代政治理论家中得到了几乎是普遍的支持,但它并不是完全不受批评。批评者指出,当代主流民主理论的自由主义民主虽然从不同角度强调了不同方面的民主,但是却忽视了社会政治生活中几个非常关键的问题:(1)当代精英主义民主对个人自由的压制。特别是日益庞大的官僚机构、政治活动的复杂性以及民主对生活的控制,严重扼杀了公民个人的积极性和创造性;(2)社会政治生活中普遍存在的不平等。这种不平等不仅包括资源占有上的不平等,还包括性别、种族、信息获得等方面的不平等;(3)对微观层次上民主的忽视。当代主流民主理论集中关注国家层面上的民主建构,以及对古典民主学说的批驳,尽管也强调了民主的制度建设、社会条件等问题,但却刻意忽略了公民个人的民主参与能力以及相应条件的培养。

正是出于对当代主流民主理论的不满,参与民主理论才应运而生。

如前所述，“参与”在民主理论长河中源远流长，只是经过很长时间的沉寂后，当代的参与民主理论才于20世纪60、70年代重新兴起，并成为一种重要的理论流派。1960年瓦尔特·阿诺德·考夫曼（Walter Arnold Kaufmann）首次提出“参与民主”概念，随即广泛运用于社会各个领域。但是，最初参与民主理论主要集中于校园活动、学生运动、工作场所、社区管理以及与人们生活密切相关的政策领域，主要关注社会民主领域，特别与工作场所的民主管理紧密联系起来，并没有上升到政治生活和国家层面。1970年，佩特曼的《参与和民主理论》一书的出版，才标志着参与民主政治理论的正式出现。

在《参与和民主理论》一书中，佩特曼相对系统地阐述了参与和民主理论之间的关系，提出了一种新的参与民主理论。佩特曼的参与民主理论首先从对传统以精英主义思想为核心民主理论的批评开始。她认为，以熊彼特、乔瓦尼·萨托利（Giovanni Sartori）等为代表的精英主义理论家，运用“科学客观的”研究方法，通过排除一些无法界定的规范的概念，试图从真实世界的经验材料中寻找一种建构性的民主理论，以期解释实际运行中的民主现象。按照这些理论家的观点，当代民主政治体系的稳定运行，是以少数精英的积极投入政治生活和多数民众的政治冷漠和非参与为主要特征。民主理论不再集中关注“人民”的参与，不再关注普通人的参与活动，民主政治体系的主要优点也不再被认为是与普通个人身上所体现出来的与政治有关的必要品质的发展。在当代主流民主理论中，少数精英的参与才是关键的，缺乏政治效能感的冷漠的、普通大众的不参与，被看作是社会稳定的主要保障。这种以精英主义为核心的研究路径的结果不仅产生了一种含有未被承认的规范意义上的民主理论，这种理论将当代的英美政治制度当作是民主理想，它也导致了形成一种在许多方面与20世纪反民主观点具有相似性的“民主”理论。

佩特曼认为，当代精英主义的民主理论实际上并不是充分的民主，而仅仅描述了现实政治制度的运作逻辑。民主理论并不完全是经验的，它也应该是规范的，有着特定的规范要求和取向。按照历史上参与民主理论家如卢梭、约翰·斯图亚特·密尔以及G. D. H.科尔（G. D. H. Cole）等人的观点，佩特曼总结指出，真正的民主应当是所有公民的直接的、充分参与公共事务的决策的民主,从政策议程的设定到政策的执行,都应该有公民的参与。只有在大众普遍参与的氛围中,才有可能实践民主所欲实现的基本价值如负责、妥协、个体的自由发展、人类的平等等。

从这个角度讲,佩特曼认为,当代主流民主理论过于受制于经验主义的分析而失去了将理论用于指导政治生活的价值。对民主的参与能够促进人类的发展,提高人们的政治效能感,减少人们对于权力中心的疏离感,培养对公共问题的关注,有利于形成一种积极的、富有知识的并能对政府事务具有敏锐兴趣的公民,从而有助于一个参与性社会的形成。一个民主政体如果存在的话,就必须相应地存在一个参与性社会,即社会中所有领域的政治体系通过参与过程得到民主化和社会化的一个社会。

在佩特曼看来,参与民主理论中参与的主要功能是教育功能,最广义上的教育功能,包括心理方面和民主技能、程序的获得。通过参与过程的教育功能,可以发展和培育这一制度所需要的品质,个人的参与越是深入,他们就越具有参与能力,参与制度就可以维持下去。在佩特曼的参与民主理论中,全国层次上代议制度的存在不是民主的充分条件,因为要实现所有人最大程度的参与,民主的社会化或"社会训练"必须在其他领域中进行,以使人们形成必要的个人态度和心理品质。这一过程可以通过参与活动本身而进行。

按照佩特曼的观点,公民参与政治最恰当的领域是与人们生活息息相关的领域,如社区或工作场所,因为这是人们最为熟悉也最感兴趣的领域。只有当个人有机会直接参与和自己生活相关的决策时他才能真正控制自己日常生活的过程。佩特曼重点研究了工业领域特别是工厂,因为大部分人的一生中大量时间花费在工作中,工作场所的活动在集体事务的管理方面提供了一种教育,这在其他地方是没有的。而且,佩特曼认为,像工业这样的领域本身就应该被看作是政治体系,它提供了除了国家层次上的参与以外最重要的参与领域。如果个人对他们自己的生活和环境施加最大程度的控制,那么,在这些领域的权威结构必须按照他们可以参与决策的方式组织起来。工厂内部的参与活动推动工业领域中权威结构中的民主化,进而废除了"管理者"和"工人"之间的差异,意味着向满足这一条件迈出了一大步。佩特曼对前南斯拉夫的工人自治管理制度十分赞赏，认为前南斯拉夫的社会政治和工业组织形式从整体上看，非常类似于一种参与性社会。但是，在西方社会中，通过参与活动改变工业领域权威结构的可能性并不大，尽管有一些例子却不具有普遍性。

参与民主的历史合理性与局限性

佩特曼的参与民主理论提出以后，引发了西方世界的广泛关注，特别是在一定程度上回答了西方主流民主理论中个人主义的困境。参与民主理论认为个人主义的立场无法解决社会中的不平等，无法建立个人与国家或共同体之间的有机联系。因此，只有扩大并实现参与，才能够弥补当代民主理论的缺陷。

由于自由主义民主理论中的个人主义困境，佩特曼的参与民主理论得到了同时代以及后来的许多学者的共鸣，如C.B.麦克弗森(C.B. Macpherson)、B.巴伯(B. Barber)等。在《拥占性个人主义的政治理论》一书中，作为新左派的麦克弗森对现时代的民主现实进行了深刻的反思，指出了20世纪市场社会的一个巨大悖论，即拥占性个人主义(possessive individualism)的现实性与资本主义民主无法实现每个人能力最大化之间的背离。这一背离进而破坏了资本主义社会大厦之根基，极有可能导致拥占性市场社会陷入严重的危机，而缓解这一危机的主要手段就是竞争性政党制度与参与民主结合起来。只有公民不断地直接参与社会和国家的管理，自由和个人发展才有可能充分实现。巴伯同样强调了参与民主对占据主流地位的自由主义民主的疗救功能，提出了一种"强民主"(strong democracy)理论。他在《强民主——新时代的参与政治》一书中强烈地批评了自由主义民主，称其为"弱民主"，认为自由主义民主更多地关注促进个人自由，而不是保障公共正义，只是增进利益而不是发现善，它颠倒了个人自由与政治行为之间的关系，指出自由主义民主将引发许多严重的后果，最典型的是它摧毁了传统的个人与社会之间的维系纽带的同时并没有创造一种新的纽带。在批评自由主义民主的基础上，巴伯提出了自己的改革方案——强民主。这种方案以扩大人民对政治的直接参与为核心,以"社群"、"共识"等理念为特征,将市场社会中的个人重新连接在一起。这一理论在西方社会产生了一定的影响。

参与民主理论得到了当代社群主义(communitarianism)理论的积极回应。社群主义同样建立在对自由主义的批判的基础上,对当代社会进行重新的理解。社群主义批评作为自由主义前提的个人主义,认为个人主义不管是作为方法论,还是作为一种认识论,都在根本上误解了个人与其社会存在之间的关系。自由主义的不当在于,其所关心的是社会的基本结构对于个人权利的维护与实现的意义,而不关注个人权利和行为的社会限制及其对于社会共同体价值目的所承当的责任。社群主义则以家庭、社区、宗教、工作场所、结社乃至国家等社群的价值为起点,探求的是一种以社群的公共善为目标的价值伦理或以个人品格为基点的德性伦理。因此,社群主义自然而然地将社群的建构作为其理论的重要内容。社群建构的一个必然过程就是社会成员的直接的、广泛的参与,通过参与,社群才得以可能。通过参与活动所形成的协商活动,能够提高参与者的民主能力,发展公民的人格和精神,同时明确个人在社群中的地位,增进公民与社群的关系,最终实现公共之善。

参与民主理论在20世纪后期的重要发展,是"协商民主"(deliberative democracy)理论的兴起。协商民主是公共协商过程中自由平等公民通过对话、讨论、审视各种相关理由而赋予立法和决策合法性的一种治理形式。虽然约瑟夫·毕塞特(Joseph Bessette)早在1980年就在《协商民主:共和政府的多数原则》一文中首次使用了"协商民主"的术语,主张公民参与而反对精英主义的宪政解释,但协商民主理论引起广泛的关注是在20世纪90年代后期。作为20世纪后期重要的政治理论家的约翰·罗尔斯(John Rawls)和尤尔根·哈贝马斯(Jurgen Habermas)也都将自己看成是协商民主论者。协商民主试图诉诸直接民主、市镇会议和小规模的组织、工厂民主、具有不同道德原则的公民之间公共理性的调解、自愿团体、控制整个社会的协商宪政和司法实践等形式,对代议民主进行修正和补充。总之,协商民主既肯定公民积极参与政治生活,又尊重国家与社会间的界限,力图通过完善民主程序、扩大参与范围、强调自由平等的对话来消除冲突、保证公共理性和普遍利益的实现,以修正代议民主模式的缺陷与不足,也是对参与民主理论的最新诠释。

应当看到,当20世纪后期西方世界进入到空前的物质丰裕的繁荣时代,后现代主义思潮大行其道,作为现代主义产物的自由主义民主受到了越来越多的挑战,也客观存在一些危机和问题,如普通民众很难对代议民主政府体制及其决策过程产生有实质性的影响力;精英主义和民众的政治冷漠并存;自由市场经济造成的经济不平等对追求政治平等的民主政治构成了严重的威胁;自由主义民主所崇尚的个人主义导致了公共善的失却。参与民主的应运而生,在一定程度上正是为了缓解自由主义民主所遇到的危机与困难。参与民主改变了二战以来民主理论过分经验取向的分析,重新肯定了参与在民主建构中的重要意义。

但另一方面,同样值得注意的是,在当代政治学理论中,参与民主理论往往被认为是新左派的激进观点而遭到自由主义民主论者的批评,在主流政治学理论中并没有受到十分的重视。许多学者质疑参与民主的可行性、参与民主在当代复杂社会中的效率等,批评参与民主对一些根本问题的回避,如经济活动应当如何组织;是否应当改变生产资料的所有制形式;参与民主在多大程度上弥补代议制民主的不足;如果工业领域的权威结构民主化,是否意味着要改变所有权关系;公民们是否有足够的兴趣和能力来实现对公共活动的参与,因为现实政治中所看到的是大量政治冷漠者,以及政治作为一种专业性技术的复杂性提高;等等。参与民主论者将民主既看作一种目的,也看作一种工具,将参与民主视为解决政治问题的万能良方,而回避了历史上曾经屡次出现的"多数人暴政"以及极权主义所导致的全民参与的全能政治。

而且,参与民主不仅期望能够实现政治权力平等的参与民主,而且也主张经济民主(隐含的是经济平等),但在自由主义民主论者看来,参与民主这一主张忽视了民主与自由之间的潜在冲突,这种做法可能导致民主的胜利,自由的毁灭。参与民主理论主张通过加强社会政治生活中的平等特别是与公民密切相关的基层生活的平等,不仅在政治领域实现民主,而且要实现包括产业民主和经济民主在内的社会民主,以期通过对社会结构的民主化来缓解由于结构因素导致的经济不平等,这也多少带有乌托邦的色彩，实践上也并不成功。佩特曼对前南斯拉夫的工人自治管理制度十分赞赏，认为前南斯拉夫的社会政治和工业组织形式从整体上看，非常类似于一种参与性社会。但鉴于前南斯拉夫政权的瓦解，建立在工业民主基础上的参与性社会似乎又离现实遥远了。而且，当今学术界对于前南斯拉夫的工人自治管理制度本身的评价也极具争议，有的甚至认为是一种民粹主义政治因而缺乏效能和凝聚力。

公允地说，提出一种参与民主理论，并不意味着否定代议民主的地位，实际上也不可能。佩特曼也不认为直接民主可以适用于所有的政治、经济和社会领域，充分的平等和自由可以通过所有社会领域的自我管理来实现，直接民主的适用范围是有限的。参与民主理论对参与的强调继承了古典民主的基本精神，力图在当代背景下进一步扩大政治参与方式和范围。在参与民主论者看来，参与不仅包括公民对国家政治生活的参与，还包括经济领域的参与（例如工人在工厂决策活动的参与）、社会领域的参与（例如成员对团体活动的参与、居民对社区管理的参与）、政党组织内部的参与等形式。为了避免人们对其理论的误解，参与民主论者特别强调参与不等于直接民主，参与只是人们扩大对自己生活控制的一种方式。

就政治统治或国家治理的形式而言，坦率地说本人是代议民主的坚定支持者。但是，兼听则明，偏听则暗。虽然无法取代自由主义民主在市场社会中的主流地位，但作为一种针对市场社会所带来的种种弊端和危机的救疗方案，参与民主理论还是提出了一些值得深思的问题，对于民主政治的完善不无参考意义。尤其是在我国，与西方社会截然不同的是，当前参与民主理论和协商民主理论大有成为主流的趋势，在此情况下，进一步了解参与民主的实质，把握民主与参与的辩证关系，辨明代议民主与参与民主各自的适用范围，是极为重要的。

本书的翻译出版，得到了福特基金会（The Ford Foundation）的支持和资助，谨向福特基金会及其有关项目官员表示真诚的谢意。

胡　伟

2006 年春于上海交通大学国际与公共事务学院

目 录

第一章
民主的最近的理论和“古典神话”

在20世纪60年代的最后几年，“参与”一词成为一个十分流行的政治词汇。这一现象是在社会中各种要求开放新的参与渠道的压力下发生的，典型如来自高等教育领域学生的参与要求，以及那些在理论上享有参与权利的许多团体呼吁实践这一权利。在法国，“参与”是戴高乐总统任期最后一段时期内政治集会的口号之一；在英国，我们看到《斯凯夫顿报告》* 中透露出来的参与思想；在美国，反贫困计划中包括了有关“最大限度参与可行性”的条款。大众传媒狂轰乱炸般地使用这一术语，以致这一概念的确切的、富有意义的内涵几乎丧失了。“参与”被不同的人们运用于各种不同的情境。这一概念的流行本身就提供了一个值得关注的很好理由。但是，更重要的是，近来参与要求的爆炸提出了政治理论中的一个核心问题：当代民主理论中“参与”的地位。

具有讽刺意味的是，广为流行的参与思想（尤其是在学生中间），在政治理论家和政治社会学家所普遍接受的民主理论（如此普遍以至于可以称之为正统学说）中却只是占有最为低微的地位。的确，参与思想不仅在民主理论中地位低微，而且近来民主理论的一个显著特征是强调大众广泛参与的政治所具有的内在危险。这些特征主要来自学者们尤其是美国学者最近对民主理论的两个关注点。首先，学者们认为，早期关于民主理

---

* 《斯凯夫顿报告》是1968年英国出台的关于城市规划的一份报告，该报告鼓励公众参与城市规划方案的讨论。——译者注

论的研究将所有人的最大限度参与的思想纳入其中，这一做法显然需要修正，如果不是直接拒绝的话。其次，学者们理所当然地认为当代政治体系是稳定的，以及认为确保政治体系稳定的条件和前提是存在的。这一假设来源于当代世界中仅有的两种互相替代的政治制度，即民主制度和极权制度之间的对比。

可以很容易地发现，近年来的民主理论是如何建立在这一基础之上的。无需过多地找寻，据说当代的民主理论来自于20世纪知识历史上的一个重大事件，即政治社会学的发展，以及来自于一个重要的历史事件，即极权国家的兴起。

20世纪之肇端，工业社会的巨大规模及其复杂性，官僚组织形式的出现，引发了许多具有实证主义思维的政治学者对于通常所理解的民主的实现可能性产生了严重的怀疑。加塔诺·莫斯卡(Gaetano Mosca)和罗伯特·米歇尔斯(Robert Michels)是提出这一怀疑的最著名、也是最有影响力的两位学者。莫斯卡认为，在每一个社会中都是由一个精英阶层统治的，并在其后期著作中，将精英理论和代议制度结合起来分析。米歇尔斯的著名的"寡头统治铁律"——建立于德国社会民主党在自己的普通党员中民主原则的实践活动的调查基础上——似乎揭示，我们不得不作出一种选择：要么是20世纪已经不可或缺的组织，要么是民主，但两者不可兼得。

这样，尽管所有人最大限度参与的人民统治意义上的民主仍然是一种理想，以社会科学的名义提出来的大量怀疑已经影响实现这种理想的可能性。

但是，到了20世纪中期，即使这种理想本身也遇到了问题。虽然民主仍然是一种理想，但是，民主理论对参与的强调遇到了质疑。同样，经典民主理论的构成中参与的思想遭到非议。

魏玛共和国的崩溃，以及魏玛共和国高度的大众参与，最后竟然演变成法西斯主义。二战后建立在大众参与基础上的极权政权，尽管在上述情况下大众参与往往受到威吓和强制，均揭示出一种倾向：参与是与极权主义联系在一起，而不是与民主制度联系在一起。极权主义的幽灵也有助于解释人们为什么关注民主政权的稳定所需要的必要条件，以及进一步关注战后世界中如此众多的国家不稳定的原因，尤其是那些前殖民地国家为什么很少能够维持西方式的民主政治制度。

如果这一背景导致了人们对早期民主理论的深层怀疑和对民主产生保留意见的话，那么战后政治社会学的发展所揭示的事实可以使大多数最近的学者相信这些怀疑是证据确凿的。过去的二三十年中，在大多数西方国家进行的大规模的政治态度和行为的调查数据表明，大多数公民，尤其那些社会经济发展水平较低的国家的公民，所表现出来的一个显著特征是普遍缺乏对政治和政治活动的兴趣。调查还表明，广泛的非民主或权威主义的态度同样存在于那些社会经济水平低下的国家。调查得到的结论（通常是那些戴着政治学家帽子的政治社会学家们作出的）认为，民主主义者的“古典”形象几乎是令人绝望地不现实，而且，根据关于政治态度调查得到的事实，当前政治生活中对政治冷漠者政治参与的迅速增加将危及民主制度的稳定。

进一步有助于人们拒绝接受早期民主理论的一个观点（这一观点目前也已为人们所熟知的），是认为早期的民主理论属于规范的、充满价值判断的理论，而当代政治理论应该是实证主义的、科学的，应当建立在政治生活的事实基础上。然而，即使如此，如果不是由熊彼特首先对政治生活和态度的事实与早期民主理论之间的显著差异进行分析和回答的话，众多的学者充满热情地投入到对民主理论进行修正的动机是值得怀疑的。他的具有巨大影响力的著作《资本主义、社会主义与民主》（Schumpeter, 1943），实际上是在我们能够获得政治生活的大量实证资料之前完成的。但是，熊彼特认为，政治现实要求对古典的民主理论进行修正，他本人就提出了这样一种修正了的民主理论。不仅如此，甚至更为重要的是，对于后来的理论而言，熊彼特提出了一种全新的、现实主义的民主概念。深入把握熊彼特理论的实质对于了解民主理论的一些最近著作是非常重要的，因为熊彼特在其对民主的独特定义基础上详细提出了一套民主理论的架构。

熊彼特理论分析的起点，是对作为工具和目的的民主理论的批评。熊彼特断言，民主是与任何特定的理念或目的没有关系的一种理论。“民主是一种政治方法，也就是讲，民主就是为达到——立法或行政方面的——政治决策而实行的某种形式的制度安排。”可见，一些人所表达出来的对民主的“坚定信仰”，是因为他们期望通过民主这一方法来推进其他理想的实现，例如正义。[1]

熊彼特在建构他的民主理论时提出的程序形成了一种他称为民主政治的“古典学说”。熊彼特检视了这一古典学说的缺陷(这一学说和熊彼特对它的批评将在后文详述)，并提出了一种替代学说。熊彼特认为，大多数政治学学者将接受他对古典学说的批评，也会同意他提出的民主的修正理论，这一理论“更忠实于生活，同时它拯救了民主方法的倡导者使用这个术语时所指的真正意义”(Schumpeter, 1943, p. 269)。熊彼特对古典民主学说的主要批评是，大众在政治生活中的重要参与和决策方面的功能，实际上建立在非现实的基础上。在他修正后的民主理论中，潜在的政治决策者之间竞争以获取人民的选票才是关键特征。由此，熊彼特提出了关于当代的现实主义的民主方法定义：“民主方法就是那种为作出政治决策而实行的制度安排，在这种安排中，某些人通过争取人民选票获得作出决策的权力”(Schumpeter, 1943, p. 269)。在这一定义中，通过竞争方式获得领导职位是民主的突出特征，这一特征也能够使我们区分民主方法与其他政治方法。通过民主方法，原则上每一个人在选举活动中自由地竞争领导职位，这样普遍的公民自由就得以实现。[2]熊彼特将投票过程中的政治竞争比作(经济)市场的运作：投票者如同消费者那样在互相竞争的政治企业家所提供的政策(产品)中进行挑选，政党则如同经济领域中的商业协会那样调整着竞争活动。

熊彼特对民主方法的运行条件给予了一定的关注。除了公民自由以外，容忍他人的观点以及“特定类型的民族性和民族习惯”也是必要的，不可能依赖民主方法本身的操作来产生这些条件。另一个条件就是“所有重要的利益集团”实际上一致地忠诚于“现存社会的结构原则”(Schumpeter, 1943, pp. 295—296)。然而，熊彼特并不认为普选权是必要的，财产、种族或宗教等资格条件与民主方法是完全兼容的。[3]

熊彼特理论中公民唯一可以参与的方式就是投票选举领导者和进行讨论。他排除了诸如通过写信方式对代表们进行“狂轰滥炸”等可以被接受的活动，认为这一方式违背了民主方法的精神。原因在于，他认为这一方式实质上是公民试图控制他们的代表的活动,这是对整个领导概念的否定。选民无法"经常地"控制他们的领导者,除了在选举时投票选择其他的候选人,这样,"好像是按照我们的定义得出我们关于这种控制的理解"(Schumpeter, 1943, p.272)。在熊彼特的民主理论中,参与没有特殊的或关键性地位。重要的是有足够的公民参加选举活动以使选举机器——这一制度安排——能够令人满意地运行。民主理论的核心是少数领导者。"选民大众除了属于一群乌合之众以外,是根本没有能力采取任何行动的"(Schumpeter, 1943, p.283),以至于只有领导者才能够积极从事政治活动、发出创议并进行决策。在这种政治方法中,在竞争选票的领导者之间进行竞争才是典型的民主要素。

熊彼特的理论对于近期民主理论的重要意义不言而喻。他所总结的"古典民主学说",对于"民主方法"的描述以及谈到在民主方法中参与的地位,在最近的民主理论中几乎广为接受。近年来的民主理论家们稍微不同于熊彼特的一个地方在于,对于民主政治而言是否必须具备一种基本的"民主特征",这种民主特征的存在是否依赖于民主方法的运行。我们现在应当考察一下最近关于民主理论的四种著名的代表性观点:贝雷尔森、达尔、萨托利和 H.埃克斯坦(H. Eckstein)的观点。在他们的著作中更多地强调政治制度的稳定性,但他们的民主理论中的一个共同点是:他们都直接继承了熊彼特对古典民主学说的批评。

在《投票》(Berelson, 1954)一书的第十四章"民主理论和民主实践"中,贝雷尔森的理论取向,一种功能主义的方法,非常不同于熊彼特的观点,但他们的目标是一致的。[4]贝雷尔森开始着手检视古典民主学说中与他的书前面部分中经验证据相冲突的地方。为了分析这一理论冲突,他采纳了类似于熊彼特提出一种古典理论的方法——更确切地讲,一种关于单个公民的态度和品质的理论模式——这一方法揭示了"民主的成功运行所普遍需要的特定条件并不符合'普通公民'的行为"[5]。例如,"人民期望民主的公民对政治事务感兴趣并积极参与",但是,"在爱尔米拉,大多数人在投票时通常并没有显示出对政治事务产生持续兴趣的证据"(Berelson, 1954, p.307)。然而,尽管存在这一事实,以及其他民主实践中的缺陷,西方民主制度还是稳定地运行。因此,我们面对着一个悖论:

> 今天的单个投票者已经无法满足政治理论家在建构民主政府制度时所提出的条件。民主制度并不能符合一个正在运行的政治组织的条件。单个成员不符合所有的这些标准，但整个制度却生存下来并不断发展(Berelson, 1954, p.312)。

按照贝雷尔森的分析，这一悖论使我们看到了经典作家们的错误，也看到了他们的理论为什么无法确切描绘现存民主政治制度运作的过程。贝雷尔森认为，古典理论中关于公民个人的集中论述，实际上忽略了政治体系本身，即使后来有所分析，也只是关注特定的政治制度，而不是"政治体系发挥作用时所要求的那些一般特征"。贝雷尔森列举出了"如果政治民主要生存下去"所必要的条件：社会冲突的密度必须受到限制；社会变革的速度不能太快；必须维持社会稳定和经济稳定；存在着一个多元社会组织和基本的舆论共识。[6]

根据贝雷尔森的观点，早期的理论家也曾经假设在一个民主社会中要求公民在政治上具有同质性(也就是在态度和行为方面的同质性)。实际上所要求的，而且现实中被发现的，却是异质性。这种异质性是必要的，因为我们期望我们的政治体系承担"协调冲突的功能"，当然，这种功能并不妨碍政治体系的运行。政治体系能够发挥作用，因为在选民中广泛分布着不同的品质和态度，从而使得各种社会冲突可以被有效解决而政治体系得以维持运行。这样，政治体系既保持稳定，又富有灵活性。例如，因为家庭和少数民族团体中的政治传统以及长期的政治忠诚有利于政治体系的稳定，而"从个人条件来衡量时最不值得称道的投票，从有利于政治体系的灵活性角度来衡量时却是最有价值的——这些投票者可能是最没有党派性，也是对政治最不感兴趣的选民，但是他们对整个政治体系的稳定却具有重要的价值"[7]。

总之，因为有了各种各样的分歧、调整和变化，有限的参与和冷漠对于整个政治体系产生了一种积极的作用。

贝雷尔森在其书中总结道，他的理论不仅是现实的，在描述方面是正确的，而且也包含了"古典"民主理论归诸个人的那些价值。他认为，在选民中存在的广泛的态度分布"能够发挥作用，并且能够将一些理论家提出的一致的价值结合到政治体系中的每一个个人，同样也能够结合到基本的政治制度”！正因为如此，我们不应该拒绝早期理论的规范的内容——就是假定单个公民所具有的态度的数量——但是这一内容应该作适当的修正以适应目前的现实。[8]

贝雷尔森的理论向我们展示了最近一些民主理论中的主要观点。例如，有观点认为当代民主理论不仅在形式上是描述性的，而且应当集中分析当前正在运行着的政治体系。从这一观点出发，我们可以看到，只要求少数公民对政治生活有着高度的参与和兴趣，大多数公民的冷漠和不感兴趣对于维持整个政治体系的稳定是重要的。这样，我们可以得出结论，当前政治生活中实际的参与程度恰好是维持一个稳定的民主体系所需要的参与。

贝雷尔森没有清楚地考虑一种被称为“民主的”政治体系所需要的特征，假定所有公民最大限度的参与并不属于这些特征。对于这个问题的回答可以在两项研究中找到，即达尔的《民主理论的前言》(Dahl, 1956)和《政治和经济中的等级制、民主和讨价还价》(Dahl, 1956a)，这个答案紧随着熊彼特的民主定义。

达尔并没有像贝雷尔森那样造成理论和事实之间形成“冲突”。的确，达尔对于是否存在一种“古典民主学说”显得很不确定。在《民主理论的前言》一书开头中，他认为，“没有一种单一的民主理论——而是有着许多种民主理论。”[9]然而，在他的早期论文中，达尔曾经写到“古典理论在某些方面被证明是不正确的”(Dahl, 1965a, p.86)。肯定的是，从今天来看，以及根据他的多元民主理论，达尔认为他在《民主理论的前言》中所批评的理论(“麦迪逊民主”和“大众民主”)当然是不正确的。多重少数人的统治所构成的多元民主理论，作为当代解释性的民主理论被提出来，以取代那些不够正确的理论。

根据熊彼特认为民主是一种政治方法的观点，达尔列出了界定民主特征的一个表格，这些特征集中于选举过程的“制度安排”(Dahl, 1956, p.84)。选举是民主方法的核心要素，因为通过选举机制普通选民可以对领导者实施控制，“民主理论是关于普通公民对他们的领导者施加一定程度控制的过程”(Dahl, 1956, p.3)。如同熊彼特那样，达尔在现实政治中更多地关注“控制”的观念。他提出，当代政治著作中所强调民主关系仅仅是现代民主政府中共同存在的许多社会控制技术中的一种。在当代民主理论中必须考虑到这种差异(Dahl, 1956a, p.83)。当我们知道大多数人对政治不感兴趣和保持冷漠时,提出一种要求普通人最大限度地实施“控制”的理论是没有意义的。而达尔也提出假设,在任何社会组织中只有相对少数人占据了作出决定的地位。[10]因此,选举过程的另一方面就是领导者之间竞争选民选票的过程,这就是所谓的“控制”。投票者在选举时将他们的支持从一个领导者转向另一个领导者这一事实确保了领导者对普通投票者作出“一定的反应”。在这种方法中竞争就是民主的内涵。民主(多元寡头)制度的价值优于其他政治方法的原因就在于,它扩展了少数人的数量、规模和多样性,使得少数人能够对政治决策和社会中的整个政治精神施加影响(Dahl, 1956, pp.133—134)。

多元政体理论也提供给我们“关于政治平等的令人满意的理论”(Dahl, 1956, p.84)。又一次,我们不能忽视政治现实。政治平等不能被界定为政治控制或政治权力的平等,如同达尔所指出的,处于社会经济地位较低层次的群体以及大多数人,更多地受到他们在政治生活中同等消极、获得资源的同等有限,以及——在美国——麦迪逊很好地概括为宪政制约机制等方面的“三重阻碍”。在当代民主理论中,“政治平等”指的是存在着普选权(一人一票)以及它所认可的通过选举竞争选票的政治过程,更重要的是指在选举间隔期选民中的不同团体有着平等的机会影响决策者,以使他们的声音能够同等地得到倾听。政府官员们不仅倾听来自不同团体的声音,而且“一旦他们不能安抚某些团体及其领导者和重要成员时,也被期待着接受他们的抱怨”(Dahl, 1956, p.145)。

达尔理论的另一个非常有趣的方面是他对多元政体的社会条件的讨论。一个基本的条件是对政治规则达成一致,至少在领导者之间。[关于多元政体的必要的、充分的制度条件被概括为规则(Dahl, 1956, pp.75—76)。]这种一致性取决于“社会训练”,而“社会训练”又取决于政治生活中关于政策选择和规则的一致的程度,这样,其中一个变量的上升或下降将影响到另一个变量(Dahl, 1956, p.77)。社会训练通过家庭、学校、教会、报纸等进行,达尔区分了三种不同的社会训练形式:强化的、中性的和负面的训练。达尔认为,“有理由假定,这三类训练对于大多数(如果不是全部的话)多元政体的成员,或许也对于许多等级制组织的成员,都会发生作用”(Dahl, 1956, p.76)。达尔没有谈到社会训练的构成内容,也没有对何种控制体系将产生何种社会训练提出任何建议,但他认为社会训练的效能取决于现存的、“个人的最深的偏好”(Dahl, 1956, p.82)。达尔假设,“有效的”社会训练将是一种能够形成支持民主规则的个人态度的训练,另一方面,正如早期的理论家所指出的,不存在一种单一的“民主特征”,因为面对着每个人都是不同的社会控制体系的成员这一“赤裸裸的现实”,单一民主特征是不切实际的。多元民主政体所需要的是能够适应不同的控制体系中各类角色的人格(Dahl, 1956a, p.89),但是达尔并没有提示什么样的社会训练能够产生这种有助于达成关于民主规则的共识的人格。

最后,达尔提出了一个观点,指出普通社会成员在政治生活中参与的增加所存在的可能的内在危险。政治活动是多元政体的一个内容,但两者之间的关系极其复杂。社会经济地位低下的社会团体是政治生活中最不积极的,在这些团体中也就越可能发现“权威主义”人格。因此,如果政治活动的增加将具有权威主义倾向的团体推上政治舞台,那么对于政治规则的共识就会下降,多元政体就会遭到削弱。这一逻辑揭示了,现存的政治参与水平的提高对于民主体系的稳定是有害的(Dahl, 1956, Ch.3, APP.E)。

我们将讨论的第三位民主理论家的著作是来自欧洲的萨托利的著作。他的《民主理论》(Sartori, 1962)一书,可能是对早期的民主理论进行的最彻底修正。他的理论基本上是对达尔的多元民主理论的扩展,因而其具体的观点不再重复,但是萨托利强调指出,在民主政治中不仅是少数人而且是(互相竞争的)精英进行统治。他的理论的一个显著特征是强调政治体系不稳定的危险,以及他对民主理论(理想)与民主实践之间正确关系的有关理解。根据萨托利的观点,在民主的“古典学说”和政治现实之间出现了不可弥合的鸿沟,“我们所处时代的人们具有的忘恩负义和人们对民主理想的幻灭,反映了许多人承诺的民主目标无法实现”(Sartori, 1962, p.54)。然而,我们必须注意不可误解了民主理论的重要功能,即使民主理论被修正和重新得到了解释。一旦建立了民主体系——就像现在的西方国家所做的那样——民主理想就需要最大程度地弱化。这种民主理想是恶化而不是解决了民主国家中的现实问题，它“维持了社会的垂直性”，即社会中的权威结构和领导结构。同时，这种作为“绝对要求”的民主理想（即使经过修正）将导致民主体系的“破产”（Sartori，pp.65，96）。今天，民主政治不需要像它过去反对贵族制那样维护自己，而是需要反对普通大众及其带来的危险，因为后者可能颠覆它的领导者，取而代之的是不民主的反动精英（Sartori，1962，p.119）。

担心政治过程中民众的积极参与将直接导致极权主义倾向，这是萨托利所重点讨论的。他认为，大众必须作出“反应”，而不是“去行动”，“反应”是针对竞争着的精英提出的政策动议和政策作出的（Sartori，1962，p.77）。幸运的是，这实际上就是普通大众的行为，这也是萨托利理论中的一个主要的兴趣点。他是少数几个提出如下问题的民主理论家之一：“我们如何来解释政治生活中普通民众的消极性？”萨托利的回答很干脆：我们不需要对它进行解释。认为民众政治冷漠的原因是由于文盲、贫穷或掌握的信息不充分的观点已经被事实证明是错误的。另一个假设是政治冷漠是源于缺乏民主活动的实践，但是，“我们已经看到人们不可能通过投票活动来学会如何投票”。萨托利争辩认为，寻找这一问题的答案是徒劳的。我们所能够真正理解，并且真正感兴趣的，是那些我们有着个人亲身经历，或者关于我们自身的观念的事务，这些事务要引起普通大众对于政治活动的兴趣是不太可能的。我们必须接受这一事实，因为试图改变大众的政治兴趣将危及民主方法的运用。进一步，萨托利认为我们能够尝试改变人们态度的唯一方法，要么是强迫那些冷漠的大众变得积极，要么是惩罚那些政治活动中积极的少数人，但这两种方法均不可行。萨托利的结论认为，大多数人的政治冷漠不是哪一个人的错，这是一个我们停止寻找替罪羊的时代（Sartori，1962，pp.87—90）。

至今为止的民主理论所思考的是试图揭示，如果要充分解释现存的政治行为和态度的事实，同时，在不危及现存的民主体系的前提下提出一些非现实主义的、可能具有混淆性的政治期望，应该需要什么样的政治理论。埃克斯坦在他的《稳定民主理论》（Eckstein，1966）一书中，正如该书的题目所揭示的，集中研究民主体系维持长期的稳定所必需的条件或前提。

埃克斯坦所使用的“民主”定义是我们所熟悉的，即政治体系中人们在由选举所决定的政策和权力方面进行竞争的结果[11]，但是，如果这种政治体系要维持稳定，政府就必须采纳特定的组织形式。政治体系的“稳定”不仅仅是指政治体系的寿命——这可以由于“偶然性”而导致，而且是指政治体系由于具备能够适应社会变革、有效实现政治期望和维持民众忠诚的能力而生存下去，它也意味着政治决策在“行动本身的基本敏感性、任何一种行动、追求共同的目标或者适应变化的环境”等方面是有效的(Eckstein, 1966, p.228)。

埃克斯坦指出，在社会关系中与政治行为有着最明显和最紧密联系的一个方面在研究中被忽视了，这就是：

> 在非政府的社会关系，在家庭、学校、经济组织等中存在的权威模式……可以合理地认为，社会生活中直接影响到政府的方面，就是人们在其他的生活领域中获得的关于权威的经历，尤其是那些塑造人们的人格的领域和那些人们通常奉献了他们大部分生命的领域(Eckstein, 1966, p.225)。

埃克斯坦理论的第一个假设，可以运用于任何一个政府的假设，是认为“如果一个政府中的权威模式与社会中其他的权威模式保持一致的话，该政府往往是稳定的”(Eckstein, 1966, p.234)。埃克斯坦认为这种情况下的“一致”有两个意义，我们可以称为强的意义和弱的意义。强的意义是指与埃克斯坦所提出的“紧密类似性”完全一致的涵义(Eckstein, 1966, p.234)。强意义上的一致性不可能适用于民主体系，因为这种权威结构的一致性是不可能存在于民主体系，如果存在于民主体系，将产生“最为严重的误作用”。某些特定的权威机构是不可能被民主化的，例如，那些在年轻人身上(在家庭和学校)所进行的社会化的领域，因为，尽管我们可以“假设”这些领域是民主的，这一假设将产生“扭曲的、无效的人”。类似地，在经济组织中民主可能是“有限的”或“装模作样的”，即使如此，也会导致“没有人所希望的结果”。而且，“我们肯定知道，资本主义经济组织甚至特定的公共所有制……将妨碍经济关系的民主化。”因此，正是埃克斯坦所指出的，那些领域对于不民主的政治行为而言是最重要的(Eckstein, 1966, pp.237—238)。弱的意义上的“一致”是指那种“累进的相似”——规定“严格的条件，但不是不可能实现的条件”。这一意义并不是很清楚，但埃克斯坦认为社会中的“某些部分”比其他部分更接近政府，要么是在“成年人”的意义上，要么是在“政治”的意义上。在弱的意义上存在着一致，如果：(1)类似于政府的权威模式提升，它们“更接近”于政府，或者(2)在“接近于政府”的模式与远离政府、实际上或形式上不模仿政府模式但运行良好的模式之间存在着一种高度的相似。[12]

这里也许存在着一个理论上的困难，因为如果一致能够形成，“张力”(一种类似于“异常”所指的心理状态和社会状况)就会得到避免，政治体系的稳定也能够获得。如果有足够的机会使人们学习民主的行动模式，张力就可以减弱到最低，尤其是如果民主的权威结构最接近政府，或者涉及政治精英的话，也就是弱意义上的一致能够获得的话。但是，埃克斯坦已经指出，无法使某些最接近政府的权威机构得到民主化。[13]然而，这不是一个真正的理论问题，因为埃克斯坦认为，要获得民主体系的稳定，政府的权威模式与社会中主导的权威结构形式就必须保持一致，即政府的模式不能是“纯粹”民主的模式。政府模式必须保持“各种不同因素之间的平衡”，必须包含一种“健康的权威主义的因素”。埃克斯坦提出了支持后一种因素存在的两个其他理由：第一个与“稳定”的定义有关，有效的决策只能发生在存在权威主义因素的地方；第二个是心理方面的，人们需要坚定的(权威的)领导者及其领导，如果政治体系要维持稳定的话，这种需要必须被满足(Eckstein, 1966, pp. 262—267)。

埃克斯坦理论所得出的结论——假定这一理论是一种民主理论的话，这或许是具有相当悖论的——认为，对于一个稳定的民主体系而言，全国性政府中的权威结构不可能是真正的，或至少是纯粹意义上的民主。

上述四位民主理论家所提出的共同的民主理论，以及今天的其他民主研究者共同的理论，现在可以简略地予以概括。从现在开始，我将这一理论称为当代民主理论。这一建立在实证或描述基础上的民主理论，以当代的社会学调查所揭示的政治态度和政治行为为依据，集中研究整个民主政治体系的运行过程。

在这一理论中，“民主”指的是在全国层次上的一种政治方法或一套制度安排。这种方法中民主的特征因素就是领导者(精英)在定期的、自由的选举活动中通过竞争获得人民的选票。对于民主方法而言选举是关键性的，因为主要是通过选举大多数人能够对他们的领导者施加控制。领导者对非精英的大众要求作出的反应，或者对领导者的“控制”，主要通过在选举活动中领导者因担心失去职位的惩罚而予以确保。在选举活动的间隔期，领导者的决策也由于积极团体施加压力而受到影响。民主理论中的“政治平等”，是指平等的普选权，以及存在着对领导者施加影响的机会的平等。最后，就大多数人而言，“参与”是指人民广泛参与对决策者的选择。因此，民主理论中参与的唯一的功能就是起到保护性的作用，保护个人免受当选领导者的独裁决定的影响，保护公民个人的私人利益。正是这一目标产生的结果为民主方法提供了辩护。

如果民主体系维持稳定，就需要特定的条件。大多数人对政治生活的参与，不应该超过维持民主方法（选举机制）运行的最低水平，也就是讲，它应该保持在盎格鲁—美洲民主国家中民众目前的参与水平。非民主态度在消极民众中相对更为普遍这一事实，意味着政治冷漠者中间任何参与的增加将削弱关于民主方法的规则所达成的共识，这种共识是民主的必要条件。尽管不存在明确的要求所有公民均具备的“民主性格”，民主方法所必要的社会训练或社会化能够发生在现存的、各种各样的非政府权威结构中。假设在政府的权威结构和类似于政府的某些非政府的权威结构之间存在一定程度的一致性，那么政治体系的稳定就可以得到维持。正如P.巴克拉克（P. Bachrach，1967，p.95）指出的，这种民主模式可以被看作是这样一种模式，即大多数人（非精英）以他们最小的政治输入（参与）获得最大的政治产出（政策决定）。

当代民主理论在政治理论家中间得到了几乎是普遍的支持，但它并不是完全不受批评，尽管批评者的声音十分微弱。[14]批评者的声音主要集中于两点。首先，他们认为当代民主理论的倡导者已经误解了“古典”民主理论，它主要不是通常所认为的一种描述性理论，而是一种规范性理论，一种“处方式的理论”（Davis，1964，p.39）。我将对这一观点进行简单分析。其次，批评者认为在对古典理论进行修正的过程中，古典理论中内涵的民主理想已经被抛弃，代之以其他的理想，“修正主义者已经从根本上改变了民主的规范意义”（Walker，1966，p.286）。

学者们强调的是，当代民主理论是以一种价值中立的、描述性的理论被提出来。达尔(Dahl, 1966)公开拒绝学者们认为他和其他的一些理论家已经提出了一种新的民主规范理论的指责。在这里,批评达尔的学者们比达尔自己对当代的民主理论有着更深的理解。弗雷德里克·W.泰勒(Frederick W. Taylor, 1967)指出,任何一种政治理论均会描述那些需要得到解释的政治现象,以及那些与这种解释有关的现象。泰勒进一步认为,这种区分不仅意味着某些无关的维度需要排除——这些维度对于另一种理论可能是关键性的——而且意味着被选择的维度能够支持一种规范的立场,一种内在于理论本身的立场。

当代民主理论不仅仅描述特定政治体系的运行过程,而且也意味着这是一种我们应当予以高度评价的制度,这种制度中包含了判断一种政治体系是否是"民主"的一套标准或准则。对理论家们显而易见的是,这些标准是内在于现存的盎格鲁—美洲民主制度中,随着这一民主制度的发展,我们逐渐建立了理想的民主政体。例如,贝雷尔森认为,现存的(美国式)政治体系"不仅处理着最困难和最复杂的问题,而且也处理着各种各样的差异性"(Berelson, 1954, p.312)。达尔在《民主理论的前言》中得出的结论认为,尽管他并没有尝试去判断他所描述的制度是否是一种值得追求的制度,然而,这种制度的确使所有积极和合法的团体的声音在决策过程的不同阶段能够得到倾听,"这是非常好的",它也是一种"实施协议、鼓励自我节制和维护社会和平的相对有效的制度"(Dahl, 1956, pp.149—151)。显然,如果一种政治制度能够有区别地处理各种困难问题,能够保证社会和平,它是值得追求的。而且,通过排除特定的因素,当代民主理论提供给我们两种互相替代的制度:一种是领导者受到选民控制,对选民负责的制度,选民可以在互相竞争的领导者或精英中间进行选择;另一种是相反的制度("极权主义制度")。对不同制度的选择应当根据这些制度的不同表现进行。我们确实能够在互相竞争着的领导者中间进行选择,因此,我们应该选择的制度就是我们现在实际上已经拥有的制度。

当然,批评者们的某些观点是正确的,当代民主理论不包含着规范性的内容,而且也意味着我们——或者至少是盎格鲁—撒克逊传统意义上的西方人——正生活在"理想的"民主体系中。他们也是正确的,内在于"古典"民主理论中的理想不同于在当前的政治现实中已经被抛弃了的理想。当代民主理论的批评者对于这种理想是什么基本上达成了一致。所有的批评者均同意,所有人最大限度的参与是民主的核心,或者,如 L. 戴维斯(L. Davis)指出的,这种理想是“理性的、积极的和富有知识的民主人”(Davis, 1964, p. 29)。但是,尽管他们均同意这种理想的内容,只有一个批评者,巴克拉克,开始致力于研究这样一个重要问题:根据可以获得的实证材料,当代民主理论家们拒绝评论这种理想是正确的还是错误的。

正如 G. 邓肯和 S. 卢克斯(G. Duncan and S. Lukes, 1963, p. 160)指出,实证数据往往导致我们在特定情况下修正规范的理论,尽管他们认为,就改变民主理想而言,“需要确切地揭示如何和为什么这种理想不可能或很难实现,但这还没有去做。”另一方面,当代民主理论家并没有揭示这种理想如何和为什么要实现。[15]也许萨托利的观点是对的,去发现大多数人在政治生活中不积极和缺乏兴趣的原因是错误的。或许当代民主理论家强调民主政治体系的脆弱性,以及强调政治稳定的各种条件的结合在许多国家(如果不是所有国家的话)中是“绝对不可能”的观点是正确的。

对当代民主理论进行批评远未结束的原因,在于批评者们已经接受了熊彼特对这个问题的有关解释。他们倾向于接受那些被他们所批评的学者对“古典”民主理论的概括,并且像后者一样,倾向于在没有给出来源的情况下提出一种紧凑的民主理论模式,或者不加区分地列出一个民主理论家的表格。[16]更重要的是,他们并没有怀疑这种理论的存在,即使他们不同意这种理论的内容。当代民主理论的支持者和批评者均没有意识到的是,关于古典民主理论的观念是一个神话。争论的双方均没有做明显的和必要的工作,没有仔细地研究早期的理论家们实际上说了些什么。由于“古典”民主理论神话的继续,早期理论家关于民主理论的观点和实质不断地被误解。只有当这一神话被曝光,才能知道关于民主规范理论的修正是否合理。接下来我们将讨论这一神话。

我们要做的第一件事情是搞清楚这些难找的古典理论家是哪些人。显然,有一大堆名字可供挑选,我们将从明显的地方,结合熊彼特对古典民主的定义开始选择。熊彼特将古典民主方法界定为“达成实现共同的善的政治决定的制度安排,这种制度通过个人集合起来执行人民意志的选举活动使人民自己能够决定问题”(Schumpeter, 1943, p. 250)。熊彼特将“古典”民主理论看作是“18世纪”的理论，认为它是从一个小的理论原型发展而来，他称为“功利主义的原型”(Schumpter, 1943, pp. 248, 267)。这样，在这些观点的引导下，我们提到了卢梭、密尔(Mill)父子* 以及杰里米·边沁(Jeremy Bentham)，他们可以被合适地称为“古典的”民主理论家。但是，如果这些理论家中任何一位的理论与熊彼特的民主定义看上去存在不一致的话，意味着所有这些理论家的理论，与熊彼特理论之间存在不一致，这是一种令人觉得奇怪的想法。熊彼特认为，如果这种政治方法要发挥作用的话，“每个人必须确切地知道他想要被代表的是什么……根据逻辑推断的规则必须清楚和正确地知道关于特定事务的结论……所有公民必须自主地行动，不受压力集团和宣传的影响”(Schumpeter, 1943, pp. 253—254)。他在这里提出了两个有着特定关联的对“古典”理论批评的主要观点。第一，要求普通人具有相当高的理性水平，是不可能的和不现实的。他认为，对于普通人而言，如萨托利所假设的，他们每天所经历的那些事情是完全“真实的”，但政治通常不属于这一类事情。总体上，当普通人不得不去处理政治事务时，“对现实的感觉是……完全丧失了”，他陷入了“只要一进入政治领域，就会表现出一种低水平的智力活动”。其次，他认为古典理论实际上忽视了领导关系(Schumpeter, 1943, pp. 258—261, 270)。如果熊彼特对古典理论的概括，以及要求普通公民具备的条件是正确的话，那么毫无疑问，他的批评中含有大量的正确成分。但是，熊彼特不仅误解了所谓的古典理论家所讲的，而且也没有意识到在他们的著作中可以发现两种完全不同的民主理论。为了支持这一论断，我将对四位古典理论家的著作进行检视。在这里，将简单地谈及边沁和詹姆斯·密尔。卢梭和约翰·斯图亚特·密尔的理论将在后面章节予以详细讨论。

边沁和詹姆斯·密尔提供了一些例子，从他们的理论中可以提炼出一些与熊彼特关于“古典”民主理论的定义具有家族类似性的观点。边沁

---

* 在我国的译著中，詹姆斯·密尔过去一直被翻译为詹姆斯·穆勒，詹姆斯·密尔与约翰·斯图亚特·密尔为父子关系。本译著中的詹姆斯·密尔以全名方式出现，约翰·斯图亚特·密尔则以全名和简名“密尔”两种方式出现。——译者注

在他后期倡导普选权、秘密投票和每年召开议会的著作中，期望选民对他们的代表施加相当程度的控制。他希望后者被称为"议员"，他谈到，通过这个词，"可以看到一个简单的事实，选择合适的人员"[17]以及"选举"和"罢免"功能是选民所从事的最重要的活动。这意味着，在大多数问题上，选民在哪些符合他们的利益和普遍的利益方面有着自己的看法，由此对他们的代表应该选择哪些政策也有着自己的看法。对于边沁和詹姆斯·密尔来说，"人民"是指那些"人数众多的阶级"，唯一的能够遏制追求各种"邪恶的"利益的组织是政府。边沁认为，由于公民的利益需要受到保护以免受到坏政府的侵害，因而他将采取相应的行动，"人们为了满足任何邪恶的欲望而不惜牺牲普遍的利益，他就无法期望在他的同胞公民中找到大量的合作和支持。"[18]詹姆斯·密尔声称，人们互相之间存在着同情，"但不会同情那些与他们的利益相冲突的外部派别。"[19]

综上所述，人们可以进行推断，这两位理论家希望选民不受宣传因素的干扰而独立作出决定，逻辑地形成自己的观点，正如熊彼特所讲的，但两位理论家都不期望选民的看法在真空中形成。的确，边沁强调了公共舆论以及个人注意公共舆论的必要性。他指出了在民主政治中选民的一项优势，"无论他们知道、看到、听到或想到什么，如果没有看到那些……准备与他进行交流的人们，他就无人可以交往。年鉴……公职人员的画像……在他的桌子上有一个地方与他每天的食物摆放在一起。"[20]詹姆斯·密尔强调了教育选民在投票活动中承担起社会责任的重要性，他认为这种教育的主要影响是，工人阶级在形成自己的观点以及相应的投票活动中，的确将"智慧的、富有美德的"中产阶级当作他们的参照系。詹姆斯·密尔和边沁均未持有熊彼特所概括的关于选民活动的观点。[21]更重要的是，他们主要关注的是如何选择好的代表（或领导者），而不是关注选民舆论的形成。边沁认为，那些缺乏能力去判断一个代表的道德和知识水平的选民应该向那些有能力的选民征询建议，在偶尔情况下，代表自己也可以通过演讲来影响他的选民，只要是为了推进普遍的利益。如果不遵循熊彼特所建议的那种"逻辑"原则，选民还是能够选出最合适的代表。边沁和詹姆斯·密尔希望每个公民对政治感兴趣，是因为这样做符合其最大利益（并认为应当通过教育使选民看到这一点）。这一事实与某种程度上施加“影响”并不是不相容的，它也不意味着每个公民在遇到每个政策问题时，完全不考虑他自己的其他决定和别人的看法，单独地做出决定，而是逻辑上根据所有的信息做出决定。

然而，正如已经指出的，由于一个非常重要的因素，边沁和詹姆斯·密尔的理论与熊彼特的“古典”民主理论之间存在着相似性。与后者类似，边沁和詹姆斯·密尔几乎只关注政治体系在全国层次上的“制度安排”。人民的参与只有一种微弱的功能，它通过代表担心失去职位的惩罚以确保存在一个好政府，即“符合普遍利益的政府”。对于边沁和詹姆斯·密尔，参与只有一种保护性的功能，它确保每一个公民的私人利益得到保护(普遍利益不过是个人利益的总和)。他们的理论被认为是“民主的”理论，是因为他们认为“人数众多的阶级”能够保护普遍性的利益，因而提倡所有人的参与(投票或讨论)。[22]而且，其他的理论家坚持参与之所以必要，也是由于其保护性的功能，而不是所有人应该参与才被认为是必要的。关于参与功能的这一观点没有什么特别属于民主的特征。例如，在约翰·洛克(John Locke)的理论中参与扮演了一种类似的角色，但洛克远不是一位民主主义者，尽管他被 L. W. 米尔布拉思(L. W. Milbrath)宣称为影响广泛的“古典民主主义者”之一。[23]

正如我们所见到的，当代民主理论的提出者也将参与只是当作一种保护性的工具。在他们的观点中，政治体系的民主性质主要在于全国性“制度安排”的形式，尤其是领导者(或潜在的代表)竞争选票的过程，因此，那些坚持这种参与角色观点的理论家，首先和最重要的是那些支持代议制政府的理论家。当然，这是民主理论的一个重要方面，否认这一点是荒唐的。同样，怀疑边沁或洛克对今天的民主理论和实践的重要影响也是可笑的。然而，必须指出的是，正如许多最近的著作揭示的，代议制政府的理论不是民主理论的全部。熊彼特影响的重要性在于，它揭示了这一事实，即不是所有被认为是“古典的”民主理论家均持有关于参与角色的同样观点。例如，在约翰·斯图亚特·密尔和卢梭的理论中，参与有着更广泛的功能，对于建立和维持民主政体是关键的，民主不仅被看作是一套全国性的代议制，也是一种我称作为参与性的社会(这一名词的意义将在后文阐述)。因此，我将卢梭等人称为参与民主理论家。

正是因为存在着这一差异，谈到一种“古典的”民主理论就不是胡言乱语了。因为他们也都同意古典的民主神话，当代民主理论的批评者从未确切地解释参与在早期民主理论中的地位，或者为什么在一些理论中参与被赋予如此高的地位。这就需要对有关的理论进行仔细的检视。戴维斯(Davis, 1964)曾经说过，“古典”理论(即参与民主理论)有一个雄心勃勃的目的，“通过教育使人民整体在知识上、情感上和道德能力方面实现他们充分的潜能，从而自由地、积极地形成一个真诚的社会”，实现这一目的的战略就是通过“为了公共教育的目的而运用政治活动和政府”。然而，他继续谈到民主理论的“未竟事业”就是“详细地说明行动计划，专门提出一个有希望建立真正的民主社会的方案”(Davis, 1964, pp. 40—41)。正是后者可以在研究参与民主的学者的理论中被发现：一套实现政治民主所必要的特定的方案和行动计划。通过“公共教育”的确能够实现政治民主，但公共教育必须依赖于社会许多领域中对“政治活动”(从广义角度理解)的参与。[24]

直到参与民主理论得到仔细地检视，参与民主实现的可能性得到评估，我们才能够知道民主理论中还有多少“未竟的事业”，或类似的事业。这项工作的第一步是要考察参与民主理论的三位理论家。前两位是卢梭和约翰·斯图亚特·密尔，古典民主理论家的代表，他们的理论给我们提供了参与民主理论的基本框架。第三位是G. D. H. 科尔，20世纪的政治理论家，在他的早期著作中可以发现以基尔特社会主义形式出现的参与社会的详细计划。当然，这一计划本身意义不大。科尔的著作之所以重要，是因为他发展了参与民主的理论，不仅包括了参与民主理论的基本框架，进一步扩展了这些理论，而且是在当代大规模的、工业社会的背景下进行的发展。

注　释

1. 熊彼特(1943, p. 242)为了使读者坚信这一观点，提出了一种“思想实验”。假设有一个国家，按照民主的方式迫害基督徒、焚烧女巫和屠杀犹太人。我们当然不会因为这些行为是通过民主程序的规则决定的，因而赞成这种做法。因此，民主不是一种目的。但是，巴克拉克指出，如果一个国家的政治方法被称作“民主的”，这种制度性的迫害与民主程序的规则是相冲突的，Bachrach, 1967, pp. 18—

20。熊彼特也没有确切地解释清楚，为什么我们所期待的这样一种政治方法能够推动其他理想例如正义的实现。

2. 尽管原则上享有自由，但熊彼特认为，在实际上，一个政治阶级或统治阶级提供领导职位的候选人是必要的(p.291)。

3. Schumpeter，1943，pp.244—245.更多最近的民主理论并没有支持熊彼特的观点。

4. 也可参见 Berelson，1952。对贝雷尔森理论中功能主义观点的有关批评可参见 Duncan and Lukes，1963。

5. Berelson，1954，p.307.贝雷尔森与几乎所有其他谈论古典民主学说的学者一样，并没有指出他的理论模式来自哪一位学者。在他的早期文章中，他曾经评论过自己所提出的这一态度模式，“尽管不是任何一种民主政治理论中均要求这些态度，但是，至少在某些民主理论中谈到过这些态度”(1952，p.314)。但是，他又一次没有提到哪一个学者的名字。

6. Berelson，1954，pp.312—313.在这些条件和民主之间的特殊关系并没有阐述清楚。前三个条件，基本上是同义反复，是任何一个政治体系维持下去所必需的。贝雷尔森进一步指出，他将继续探索政治体系的“价值”。实际上，他所做的只是寻找“政治体系的条件”。参见 p.313。

7. Berelson，1954，p.316.很难理解为什么贝雷尔森认为这些现象是“冲突的”。当然，从现实角度，两者难以同时获得，但是，从逻辑的角度，政治体系同时具有稳定性和灵活性是可能的，或者一方面投票者可以自由地、自决地进行投票选择，另一方面领导者可以有效利用最充分的信息和引导选民，参见 pp.313—314。

8. Berelson，1954，pp.322—323.惊叹号放在前面一段中，几乎是没有意义的。

9. Dahl，1956，p.1.但他也至少有一次谈到过“传统的民主理论”(p.131)。然而，达尔(1966)同时认为从来就没有古典的民主理论。

10. Dahl，1956a，p.87.也可参见 1956，pp.81，138。

11. Eckstein，1966，p.229.埃克斯坦并没有明显地认为他的理论与“古典”理论有关，但至少在他的某一段评论中认为早期民主理论家的观点是不充分的。他指出，当今我们需要从一种更为悲观的角度去审视民主政府，这一角度并不认为人们是天然的民主主义者，而是认为各种必要条件在“极其不可能”下的结合(pp.285—286)。

12. Eckstein，1966，pp.238—240，(b)是“一致”(意思)的最小条件；我认为，(a)是埃克斯坦所指的“在社会中的某个合适部分中存在的累进模式”(p.239)。

13. Eckstein，1966，pp.254 ff.，像达尔一样，埃克斯坦几乎没有谈到“社会训练”如何进行。由于大多数人在政治生活中并不积极，因而不参与被社会化为非民主模式的“一致”的权威结构(那些“最接近”政府的权威结构)。这样，埃克斯坦的理论支持那些强调(非民主的)大多数人更多地参与政治生活会导致危害政治体系稳定的观点。

14. 几乎任何一项最近的关于民主的研究均提供了当代民主理论的例子，例如可参见 Almond and Verba 1965，Lipset 1960，Mayo 1960，Morris Jones 1954，Milbrath 1965，Plamenatz 1958。批评当代民主理论的例子可参见 Bachrach 1967，Bay 1965，Davis 1964，Duncan and Lukes 1963，Goldschmidt 1966，Rousseas and Farganis 1963 and Walker 1966。

15. 巴克拉克(1967)揭示了我们为什么需要保持这一理想，但他只是给出了最简单的关于实现这一理想的建议，没有证据显示这一建议是否可行。

16. 邓肯和卢克斯两人是例外，他们将约翰·斯图亚特·密尔当作“古典”民主理论家的代表。J. L. 沃克(J. L. Walker)在还没有搞清楚哪些理论家应该被提到的情况下，继续提出了关于“古典”理论的简单概括。这一概括主要来自戴维斯的文章，后者的文章中尽管列出了一个有关民主理论家的表格，但文章中没有提到这份表格来自哪里。巴克拉克也不加区分地谈到“古典的理论家们”。

17. Bentham，1843，vol. Ⅸ，bk. Ⅱ，ch. Ⅴ，§Ⅰ，p. 155.

18. Bentham，1843，vol. Ⅸ，bk. Ⅰ，ch. ⅩⅤ，§Ⅳ，p. 100.

19. 引自 Hamburger，1965，p. 54。

20. Bentham，1843，vol. Ⅸ，bk. Ⅰ，ch. ⅩⅤ，§Ⅴ，p. 102. 边沁理论中关于公共舆论的重要性的论述参见 Wolin，1961，p. 346。

21. Wolin，1961，p. 332. 在功利主义理论中同时强调了情感的作用和理性的作用。

22. 理查德·G. 汉堡(Richard G. Hamburger，1962)坚信詹姆斯·密尔不赞成将普选权局限于中产阶级。

23. Milbrath，1965，p. 143. 米尔布拉思关于洛克理论的描述，好像与卢梭的理论混淆了起来。洛克政治理论中的有关部分可参见 Seliger，1968，chs. 10 and 11。黑格尔在他的政治理论中，也对参与进行了一种哲学上的辩护。埃德蒙德·柏克(Edmund Burke)认为参与对于一个好政府是必要的。但是，所有的这些理论家都没有在认为选举中应当包括所有人。

24. 巴克拉克(1967)，在其书的第七章中支持从更为宽泛的意义上去理解“政治”，但他没有意识到这一理解与早期理论家们的观点有关。这样，他错误地认为，“在强调政治决策过程中广泛参与的重要性时，(‘古典’理论)对于在大的城市社会中如何实现参与并没有提供现实的指导”(p. 59)。

第二章

卢梭、约翰·斯图亚特·密尔和 G. D. H. 科尔：参与民主理论

在参与民主理论家中，卢梭或许可以被认为是最为卓越的代表。他在《社会契约论》中对政治体系本质的理解对于参与民主理论的贡献是非常重要的。卢梭的整个政治理论集中围绕政治决策过程中每个公民的个人参与，在他的理论中，参与不仅仅是一套民主制度安排中的保护性附属物，它也对参与者产生一种心理效应，能够确保在政治制度运行和在这种制度下互动的个人的心理品质和态度之间具有持续的关联性。正是理论家们强调参与的这一方面以及参与在他们理论中的重要地位，使得参与民主理论家对整个民主理论作出了突出的贡献。尽管卢梭的写作是在现代民主制度诞生之前，而且他的理想社会是非工业化的城市国家，但在他的理论中，我们可以看到关于民主政体中参与功能的基本假设。[1]

为了理解参与在卢梭政治理论中的地位，理清卢梭的理想即参与政治制度的本质是非常重要的，因为对这一理想有着许多不同的解释。首先，卢梭认为，参与民主制度需要特定的经济条件与之相适应。众所周知，卢梭倡导一个由农民组成的小规模社会，即倡导一个在经济上平等和独立的社会。按照通常的理解，他的理论中并没有要求绝对的平等，但主张社会中存在的差异不应该导致政治不平等。理想的状态应该是这样一种社会，“没有人富裕得足以去购买另一个人，也没有人贫穷到不得不出卖自己”，基本的条件是每个人都拥有一些财产——公民最神圣的权

利——因为财产给予公民个人的保障和独立是公民政治平等和政治独立所依赖的必要基础。[2]

如果这些条件得以满足，公民们作为平等和独立的个人就能够集合在一起。但卢梭也希望公民之间互相依靠，如果要维持平等和独立的话，这也是必要的。这听起来并不矛盾，因为每个公民需要做什么事情而没有与其他人或大多数人进行合作，将会变得软弱无力。卢梭认为，每个公民应该"广泛依靠共和国"(Rousseau, 1968, p.99, bk. Ⅱ, ch.12)，即每个人应该平等地依靠作为主权者而集合起来的所有其他人，独立参与机制是互相依靠能够实施的途径。这一机制发挥作用的方式是简单而微妙的。人们可能将《社会契约论》理解为这样一种观念，即应该是法律而不是人来统治。但是，更好地对参与地位的理解是，人们应该由他们自己所创造的政治形势的运作逻辑来统治，这种政治形势中个人统治的可能性"自动地"被排除了。因为公民是平等和独立的，不依赖其他人的观点进行投票，这样，在政治集会中没有人会投那些对别人有利而对自己不利的政策一票。个人无法说服其他人投票支持只对他个人有利的提案。在《社会契约论》的一个重要段落中，卢梭问道，"如果不是因为没有一个人不是把'每个人'这个词都当成他自己，并且在为全体投票时所想到的只是自己本人的话，公意又何以能够总是公正的，而所有的人又何以能总是希望他们之中的每个人都幸福呢？"[3]换言之，能够为所有人所接受的唯一的政策就是那种收益得到分享、成本得到分担的政策，参与过程确保了在决策的大会上政治平等得到有效实现。实质性的政策结果是，同义反复地，公意总是公正的(即平等地影响所有人)，因此个人的权利和利益得到保护，同时公共利益也得到推广。法律从政治参与的过程中"诞生"，是法律而不是人统治着公民个人的活动。[4]

卢梭认为，决策活动的理想情形是不存在有组织的团体，只有个人，因为前者能够使他们的"特殊利益"占据上风。卢梭关于团体的评论直接来自于他对参与过程活动的分析。他承认，"潜在的协会"是不可避免的，即存在着具有某些共同利益但没有组织起来的个人。但是，因为参与活动进行所需要的条件因素，这样一种潜在团体要获得对它有利的政策支持是非常困难的(Rousseau, 1913, p.237)。如果在一个社会中不可避免地出现有组织的协会，那么，卢梭认为，应该有尽可能多的有组织协会，而且这些协会在政治权力方面尽可能平等。也就是，只要存在有组织的团体，个人的参与活动可以反复进行，没有人其所得是以其他人的损失为代价。卢梭没有谈到这种团体的内部权威结构，这并不奇怪，但是他关于参与过程的基本分析可以运用于任何团体或协会。[5]

上文对卢梭参与体系活动的分析使我们对以下两点可以清楚了解：首先，卢梭所指的"参与"是指参与决策过程；其次，就像代议制政府理论一样，它是一种保护私人利益和确保好政府的方式。但是，参与并不仅仅像卢梭理论中所指的那样简单。约翰·普拉梅纳茨（John Plamenatz，1963）提到卢梭时认为，"他转变了我们的思维……关于考虑社会秩序是如何影响了人们的性格结构"（Plamenatz，1963，Vol. Ⅰ，p. 440），卢梭主要关心的是社会制度和政治制度的心理影响，特定的制度培养了人的性格中哪些方面？这里的关键变量是，制度是不是一种参与性的制度，卢梭理论中参与的主要功能是不是教育功能（从最广义上理解的"教育"）？卢梭的理想制度旨在通过参与过程的作用推动个人的负责任的社会行动和政治行动。在这一过程中，个人知道"每个人"一词必须运用于他自己，也就是他发现，如果要想得到其他人的合作，他就不得不考虑比他自己眼前的私人利益更为宽泛的事务，他应知道，公共利益和私人利益是结合在一起的。参与制度的活动逻辑是，个人"被迫"根据他的正义感考虑事务，根据卢梭称为"恒常的意志"来考虑事务，因为其他公民总是抵制不平等要求的实施。参与决策活动的结果是，个人接受了教育而学会区分他自己的冲动和欲望，他既学会了如何成为一个私人公民，也学会了如何成为公众人物。[6]同时，卢梭相信通过这一教育过程，个人将最终发现公共领域的要求和私人领域的要求之间很少或不存在冲突。一旦建立了参与制度，这是非常重要的，这一制度将自我维持下去，因为如果这一制度成功运作，对于单个公民所要求的特定品质就是那些参与过程本身所形成和培养的。公民个人参与的实践越频繁，他就越有能力参与。通过参与过程所积聚起来的富有人情味的效果为参与制度提供了重要的辩护。

参与在卢梭理论中的地位的另一个方面，就是参与和控制之间的紧密联系，这与他的自由观念结合在一起。在这里，详细讨论卢梭对自由概念的使用没有必要，但这一概念与参与过程错综复杂地结合在一起。或许卢梭写到的最著名，或者最臭名昭著的一个词就是人们“迫使他自由”，他也将自由界定为，“人们服从于自己为自己所规定的法律才有可能自由。”[7]如果卢梭将自由的概念建立在参与活动的坚实基础上，人们也就不会对前一个词做出最不切实际和最不详细的解释了。个人“被迫”行使自由的方式是个人通过参与决策而“被迫”接受教育这一过程的不可或缺的部分。卢梭认为，除非每个人通过参与过程“被迫”做出具有社会责任的行为，否则将不存在保障每个人自由的法律，即不存在公意或个人服从于自己的那种正义法则。当卢梭自由概念中的主观因素——即在这样一种法律下个人感到不受限制，或感觉自由——被人们所评论时，这一概念中的客观因素往往被忽视了（尽管这并不是要求人们接受卢梭的存在于服从中的自由定义）。个人实际上的自由以及他对自由的感受，通过决策过程中的参与而得到提高，因为参与赋予了他一定程度上对自己生活的方向和他周围的环境结构进行控制。卢梭同时指出，自由要求个人对执行法律的人和代表进行相当程度的控制，如果有必要建立一种间接制度的话。[8]在莫里斯・克兰斯顿（Maurice Cranston）最近翻译的《社会契约论》的序言中，他批评卢梭在自己的书中从来没有把制度看作是对自由的一种威胁（Rousseau，1968， p.41）。但这一批评没有切中要害。《社会契约论》中的参与制度并不构成对自由的威胁，因为参与制度的逻辑，因为制度的权威结构与个人的心理导向之间的关联性。卢梭观点中的真正涵义是，（现存的）非参与性制度才是对自由的威胁，使得自由变得遥不可及——人无所不在“枷锁”之中。《社会契约论》中描绘的理想制度之所以是理想的，因为卢梭将这些制度的运行当作保障自由的条件。

卢梭也将参与看作能够提高个人自由价值，使个人成为（或保持成为）自己的主人。如同卢梭理论的其他部分一样，“成为自己的主人”观念受到了大量的批评，尽管克兰斯顿提出一个新的注解，他认为卢梭的这一观念只能算是一个侍者的理想，因而不值得认真对待——但是很难摒弃这一观念。[9]在第八封《山中来信》中，卢梭指出，自由是最小可能地使自己服从他人的意志，一个人的自由不能包含其他人的意志。任何一个没有成为自己主人的人是不自由的（Rousseau，1965，Vol. Ⅱ，p.234）。也就是，一个人不可能是另一个人的主人。当一个人是他自己及自己生活的主人时，那么，在能够称这个人是他“自己的主人”之前，通过控制所希望的那种生活，自由得到了提升。其次，参与过程确保了即使没有一个人或团体是另一个人或团体的主人，所有人都同等地互相依靠，平等地服从法律。通过参与过程以及使参与同“成为自己的主人”之间的关系而得以可能的法律的(非个人的)统治，使我们进一步洞悉，为什么卢梭认为通过参与性的决策过程个人会真诚地接受法律。更普遍地，可以看到卢梭理论中参与的第二个功能，即它使得集体决策更容易地为个人所接受。

卢梭同时揭示了参与的第三个整合性的功能，即它提升了单个公民的“属于”他们自己的社会的归属感。某种意义上，整合性来自上面所提到的所有因素。例如，基本的经济平等意味着在富人和穷人之间没有破坏性的分裂，没有人像卢梭在《爱弥儿》中所批评的那个人，当被问到他的祖国是哪一个时，他回答道，“我属于富人”(Rousseau，1911，p.313)。更重要的是参与过程本身的经历，以及参与过程所导致的复杂结果，不管是对于个人还是对于整个政治体系。这种参与经历使个人与他所在的社会连接起来，使得社会成为一个真正的共同体。

对卢梭政治理论的检视提供给我们这样一些观点，在制度的权威结构和个人的心理品质和态度之间存在着关联性，以及参与的主要功能在于教育功能。这些观点构成了参与民主理论的基础，通过后文对约翰·斯图亚特·密尔和科尔理论的讨论，这一点将更为清楚。这两位作家的理论发展了卢梭关于参与的观点，但更为有趣的是，在他们的理论中，参与民主理论从卢梭的农民为主的城市国家背景进入了一个现代政治体系中。

密尔在他的社会和政治理论中，就像在其他事情上一样，起初是他的父亲和边沁学说的忠实的支持者，但后来他对他们的学说进行了严厉的批评，因而密尔的变化提供了分析代议制政府理论和参与民主理论之间差异的很好例子。然而，密尔从未完全否认这些早期的著作，在他生活的后期，他的理论受到了各种不同学说的混合影响。他从未试图令人满意地去综合这些学说——这一任务或许是不可能的——这意味着在他理论的参与性基础与他的更为现实的建议寻求一个“理想上最好的政体”之间存在着深刻的矛盾。

对参与过程的纯粹保护性功能的功利主义观点的回应，可以在密尔后期成熟的政治理论中发现。例如，他的《代议制政府》——这本书表达了"我生活中最重要的部分致力于"思考这样一个原理——民主制度的最大危险之一在于"权力拥有者的邪恶利益：它就是阶级立法的危险……其中一个最重要的必须考虑的问题是……如何提供反对这一邪恶的有效保障"[10]。密尔认为，边沁的"好政府"观念只是涉及问题的一部分。密尔自己区分了好政府的两个方面。首先，"在何种程度上，好政府通过现有的能力、道德、知识以及社会成员的积极活动，促进了社会事务的良好管理"，好政府的这一标准与作为"推动公共事业的一套制度安排"的政府有关(Mill, 1910, pp. 208, 195)。密尔批评边沁在建构理论时以偏概全。他在《论边沁》一文中指出，后者所做的

> 只是揭示了在任何具有国家观念的国家中，社会的物质利益得到保护的方式……(他的理论)教授了社会安排中组织和管理商业部分的方式……他所犯的错误就是假设人类事务中的商业活动就是人类活动的全部(Mill, 1963, p. 102)。

按照密尔的观点，政府事务中管理商业的活动是最不重要的，重要的是政府活动的第二个方面，即"对人们思想的重大影响"。用来判断政治制度好坏的标准，是"这些制度促进社会中精神进步的程度，包括在人们的知识、品德、实践活动和效率方面的进步"(Mill, 1910, p. 195)。在这个方面，边沁的理论毫无涉及。密尔认为政府最首要的和重要的功能是广义上的教育功能。对于他而言，政府的两个方面是密切相关的，好政府的必要条件，首先是商业促进个人的良善的性格，由于这个原因，合适的制度是必要的(Mill, 1963, p. 102)。主要是因为这个原因，而不是因为这种政府形式符合普遍利益，密尔才认为大众的、民主的政府是"理想上最好的政体"。因此，密尔反对一种仁慈的专制主义。他指出，如果专制主义无所不包，它就能够确保政府的"商业"活动完完全全地得到实施。密尔问道："在这样一种政体下会培养什么样的人？在这一政体下人们的思想和能力获得了什么样的发展？……人们的道德水平的发展受到了同样的阻碍。在那里人们的活动范围受到人为限制，他们思想感情的发展

受到了抑制和阻碍……”(Mill, 1910, pp.203—204)。

只有在一个大众的、参与制度背景下,密尔才看到了一种“积极的”、具有公共精神的性格得到培养。在这里,我们又一次看到参与民主理论家们基本断言,在个人、个人的品质和心理特征与制度类型之间存在的互动和关系,以及断言负责任的社会行动和政治行动主要取决于人们在政治上采取行动的那种制度。像卢梭一样,密尔认为这些事先已经存在的性格品质通过参与过程得到进一步发展,因而政治体系具有一种自我维持的能力。[11]密尔也不认为公民们进行熊彼特所要求的那种逻辑的和理性的计算是必要的。他在《代议制政府》中评论道,要求人们按照“高尚”的标准活动的政府不是一个理性的政府,尽管他假设这一理论所指的“发达”国家具有相当的政治复杂性和公共精神(Mill, 1910, p.253)。密尔将参与所具有的教育作用很大程度上等同于卢梭所指的教育功能。密尔认为,在个人只关心他自己的私人事务,不参与公共事务的地方,“自我尊重”的优点遭到损害,负责任的公共行动的能力也无从得到发展。“人们从未考虑任何集体利益,考虑到与其他人共同追求某个目标,只是和他们进行竞争,某种程度上不惜损害他人的利益”(Mill, 1910, p.217)。大多数人在从事“私人赚钱的工作”,而在社会事务方面却使用他们自己很少的一部分能力,总是“只集中他们的注意力和兴趣于自己身上,以及作为自己附属的家庭——使自己对公共的事情不感兴趣……过分地考虑他个人的舒适、自私和懦弱的一面”(Mill, 1963, p.230)。然而,当个人参与公共事务时,整个情况发生了变化。密尔同卢梭一样,将这一情况下的个人看作是“被迫”扩展他的视野而开始考虑公共利益。换言之,个人必须“看重不属于他自己的利益;在遇到各种冲突的要求时,接受超越于他私人特殊性的另一个法则的引导;在每一个环节,按照公共善的目标运用各种理性的原则和公理”(Mill, 1910, p.217)。

至此,密尔的理论已经进一步拓展,而不是增加卢梭关于参与的教育功能的假设。但是,密尔理论的另一个方面确实扩展了这一假设,如果这个理论运用于大规模社会的话,这一扩展是必要的。我曾经引用过密尔关于亚历西斯·德·托克维尔(Alexis de Tocqueville)的《美国的民主》的评论。这本书对密尔的政治理论产生了决定性的影响,尤其是书中关于地方政治制度的部分。[12]密尔对托克维尔讨论集权制和内在于大众社会发展过程中的危险，印象非常深刻（同样对此分析印象深刻的现代社会学家已经将这种危险广为宣传）。在《政治经济学》中，密尔宣称“一部缺乏具体的民主制度支持，且局限于集权政府的民主宪法，不仅缺乏政治自由，而且往往创造一种恰好是相反的精神”[13]。在他对托克维尔书的第二卷进行的评论中，密尔认为，如果人们还没有在地方层次上准备好参与，全国性政府的普选和参与是没有用的，正是在地方层次上人们学会了如何管理自己。“一项政治活动，每隔几年才举行一次，在公民的日常生活习惯中并没有为这一政治行动作好准备，当这一政治活动要求运用公民个人的智力、道德和品性时，却已经远离了它们”（Mill，1963，p.229）。换言之，大国中的个人往往能够有效地参与“巨大社会”的管理，那么，进行这种参与所必需的品质必须在社会基层得到培养和发展。因而，按照密尔的观点，只有在地方层次上参与的教育功能才能得到真正体现，这一层次上参与所涉及的问题直接影响到个人及其日常生活，而且个人自己也能够获得很好的机会当选，进入地方政府（Mill，1910，pp.347—348）。正是通过在地方层次上的参与活动，个人才“学会了民主的方法”。“我们不可能仅仅通过别人的告知就学会如何读书写字，学会骑马或游泳，但是通过实践就能学会。同理，只有通过小范围地实践大众政府的活动，才能在更大规模上学会如何运作大众政府”（Mill，1963，p.186）。

在大规模社会中，代议制政府是必要的。但这里出现了一个困难：密尔关于代表的现实建议与他理论中赋予参与教育功能的基本地位是否相一致？在他的现实建议中，密尔并没有充分重视他自己关于参与的观点，这主要是因为关于社会的“自然”状态的观念与密尔社会理论和政治理论中的其他部分混淆起来。

边沁和詹姆斯·密尔认为，从狭义的和“学术的”角度，教育是确保“数量众多的阶级”进行负责任的政治参与的主要途径，约翰·斯图亚特·密尔从未反对过这一观点。密尔主要关注的一点是，当权力掌握在一个精英阶层——受过教育的精英（狭义上）手中时，如何才能形成一个政治体系。一个接受过良好培养的知识阶层，他认为，通常具有“谨慎、节制、正义以及其他所有我们与他人进行交往时非常重要的优点”[14]。密尔认为“最聪明的和最好的阶层”是那些接受过良好教育(“指导”)的阶层，正是这一阶层中的人员应当通过选举进入各个层次的政治职位。他认为现代世界中民主是必然的现象，问题是如何通过组织，使得民主政治制度与社会的“自然”状态和谐共存，出现一种“世俗权力和道德影响由那些现存社会中的最合适的人经常行使”的情况，以及“大众”相信受过教育的少数人统治的观念。[15]值得一提的是，密尔并不希望出现一种大众盲目服从那些受过教育的人的情况。他认为，大众盲信的时代已经过去，“穷人不再受到精英阶层的操纵……对劳动阶级提出的无论什么建议、告诫或引导，必须把他们当作是平等的阶级，而且根据他们自己的判断来决定是否接受这些建议、告诫或引导。”[16]精英应当对大多数人负责，而且密尔认为，政治生活中“最困难的”是精英统治与精英责任之间能否形成一致的关系。[17]他对这一问题的回答导致了其理论的模棱两可。

从密尔关于参与教育功能的理论中，人们可以看到密尔对这一问题的答案是，应当赋予劳动阶级在地方层次上最大程度的参与机会，这样他们可以发展出必要的品质和技能来评价代表们的活动，监督代表从而使之更加负责。但是密尔没有谈到这些。他关于建立一种“自然的”理想的政治体系的现实建议完全不同。密尔区分了赋予少数人以代表权的“真正民主制”[为了实现这一目的，密尔积极地支持黑尔(Hare)的比例代表制方案]与理想的制度。前者不能解决确保受过教育的精英具有占据优势的影响力，理想的制度只能产生于一种建立在教育能力基础上的多元投票制度，“尽管每个人应该有投票权——与每个人应该有平等的投票权是两个完全不同的问题。”[18]因此，密尔反对卢梭提出的政治平等对于有效的参与是必要的观点。密尔含蓄地使用了一种不同与卢梭的“参与”概念，因为他认为即使当选的代表也不是进行立法活动，而只是同意或反对由君主任命的一个特别委员会提出的法案，代表们的恰当工作是进行讨论(Mill, 1910, p.235ff.)。

密尔关于理想普选权的形式的评论进一步阐明了这一观点。他讲道：“通过政治讨论，那些受雇佣的体力劳动者，尽管他们的生活方式与各种各样的经历、情况和观念缺乏联系，被教育而认为那些在遥远地方发生的事件或事情，对他自己的个人利益有着最明显的影响”(Mill, 1910, p.278)。

针对密尔建立一个理想的最好政体的现实建议,以及他对参与的含蓄界定,人们也许质疑参与是否具有所假定的教育功能。关于卢梭直接参与范式的重要一点是,通过对参与活动的有效组织,个人心理上"接受"参与所带来的影响。但是在密尔的理论中无法实现。大多数人在普选制度中属于政治下层,他们无法阻止对他们不利的政策的实施。如果一个先赋的精英阶层注定能够获得政治权力,大多数人为什么要对政治讨论感兴趣?密尔似乎没有意识到他的理论的不同部分存在着不一致,但是在他的理论中很难看到参与实现其假定的功能。即使存在普选权和代表们的决策活动,也不存在一种类似卢梭提出的直接参与制度所形成的"明显"的教育环境。在现代条件下卢梭的制度模式是否能够被复制这一问题将在后文分析。这里应该指出的是,密尔认为地方层次上教育具有的重要作用赋予了决策过程中直接参与更大的活动余地。

对地方政治制度的强调并不是密尔关于参与所具有的教育功能的假设的唯一发展,但在讨论这一问题前,有必要提到密尔理论的其他方面。密尔同意卢梭关于参与所具有的其他两种功能。大众对精英的"重要服从"的整个观点部分取决于参与有助于接受决策的假设,密尔特别指出了参与所具有的整合功能。他讲道,通过政治讨论,个人"有意识地成为大社会的成员"(Mill, 1910, p.279),无论什么时候他想为公众做些事情,他就会感到"不仅公共事务也是他的个人事务,而且公共事务的处理一定程度上取决于他的努力"(Mill, 1963, p.230)。

可能密尔理论中最有趣的部分,是他将参与的教育功能假设进一步扩展到社会生活的一个全新领域——工业领域。在他的后期著作中,密尔逐渐将工业领域看作是个人通过对集体事务的管理而获取经历的另一个领域,就像人们在地方政府中的活动那样。密尔看到了不同社会主义理论的真正价值,以及这些理论中所倡导的合作的重要性。有时,密尔尝试在这些合作中寻找潜在的教育方式的可能性。这也许可以在密尔对那些本质上具有集权主义的方案的怀疑中看到。正如J.M.罗布森(J.M.Robson)指出,密尔在《论社会主义的篇章》中赞成"一种依靠小社群中自愿组织活动的社会主义计划,希望这些计划通过小单位的自我扩展而运用到全国范围"(Mill, 1968, p.245)。在这样一种组织形式中应该有着广泛的参与。密尔认为工业组织中的合作形式将推动这些组织中的参加者的"道德转变"(他也认为工人们将变得更具有生产效率,但这只是"道德转变"的部分结果)。他讲道,合作性的组织将推动"在追求一种对所有人具有共同益处的过程中形成友好竞争的氛围,有利于提升劳动者的尊严,在劳动阶级中形成一种新的保障感和独立感,将每个人的日常工作变成培养互相之间的社会支持和实践智慧的一所学校"[19]。就像在地方政治活动中参与集体利益的管理教育了个人在工业组织中承担起参与管理集体利益的社会责任,这一过程培养和发展了个人从事公共活动所必需的品质。密尔讲道,"没有哪一种土壤"比一个"共产主义式的社团"更有利于培养"公共利益就是他个人的利益"的个人感受。[20]正如密尔将民主看作是现代社会所必需的那样,他认为工业组织中某种形式的合作也是不可或缺的。既然劳动阶级已经摆脱了"受人摆布"的状态,雇主与雇员之间的关系从长远来看将不再维持,取而代之的是某种形式的合作关系。在《政治经济学》一书中,密尔讨论了这种合作关系应采取什么形式,他的结论是"如果人类不断地进步",那么在最后将形成这样一种联合体,"不是那种资本家作为主人,劳动者在管理活动中没有任何发言权的联合体,而是一种劳动者根据平等的条件建立起来的联合体,集体拥有资本并且共同使用资本,在他们所选举产生并可以罢免的管理者的领导下进行工作。"[21]

由于参与所具有的教育功能和"提高的"影响,在地方政府活动中的参与是在国家层次上进行参与的必要条件。根据这一逻辑,密尔主张在工作场所的"管理活动"中参与具有同样的效果。密尔观点中这些关于教育重要性的进一步启示往往被忽视了,然而这对于民主理论具有重要意义。如果工作场所中的这种参与成为可能,那么工业活动中的权威关系将从通常的上级与下级(管理者与员工)的关系,变成一种整个员工与选举产生的管理者(领导)之间的平等或合作关系,就像在地方层次上选举代表那样。也就是讲,工业领域的政治关系(在广义上使用"政治"一词),将不得不民主化,而且,将有可能进一步发展。密尔关于地方政府中以及工业领域中参与的教育功能,能够被推广到所有"更低层次"权威结构或政治体系中参与的功能。因为这一普遍性的假设可以从我已经谈到过的参与社会的理论家们的理论中合理地推导。社会可以被看作是由不同的政治体系，以及对其内部的成员个人的心理品质和态度具有重要影响的权威结构所组成。因此，如果要使得全国性的民主政体能够运行，个人所必需的品质只能通过所有政治体系中权威结构的民主化才能获得。

我们也应当提及这种参与理论的另一个方面。除了参与发挥重要的教育功能以外，工作场所的参与——在一个政治体系中——本身也可以被看作是政治参与。工业和其他领域提供了个人能够参与关于自己所亲自从事的、每天经历的决策活动的替代性领域，这样，当我们谈到"参与民主"时，也意味着一些比在全国范围上的"制度安排"更为宽泛的事务。这一更为宽泛的理解可以在科尔的理论中找到，我们接下来将讨论他的理论。

对科尔理论的讨论——这里我们只分析他早期的著作——是非常有趣的，因为他的理论不仅放置于一个现代的、工业化的社会背景中，而且他的理论是专门针对这样一个社会的。密尔关于工业社会中有关参与的评论，尽管我们对其进行了细致描述，但在密尔的社会理论和政治理论中则并不占据重要地位。但是，对于科尔而言，正是工业拥有了打开通向真正民主政体之门的钥匙。在他的基尔特社会主义理论中，科尔制定了关于参与社会如何组织起来并形成具有大量内在利益的社会的一个详细计划，尽管我们主要关心的是构成这一计划的原理而不是计划本身。科尔这一时期著作的另一个重要方面是受到卢梭理论的巨大影响。他也受到其他来自例如威廉·莫里斯（William Morris）和马克思等人的影响，但科尔频繁地引用卢梭的理论，后者的影响弥漫了科尔的所有著作，科尔的许多基本概念也是来自于卢梭的理论。这也是我们在本书中分析科尔理论的另一个原因。对卢梭政治理论的讨论通常可以得出结论，认为他的理论与当今时代的关系不大（有时候表明他的理论反而是相当有害的）。我已经指出卢梭的理论为任何民主参与理论的讨论提供了起点和基本材料，而科尔的理论则试图将卢梭理论的洞见纳入当代背景之中。

科尔的社会和政治理论建立在卢梭认为意志而非力量是社会组织和政治组织的基础的观点之上。人们必须在团体中合作以满足他们的需要，科尔通过"寻找使人们结合在一个团体中的动机"以及"寻找人们如何采取措施以增加和补充作为孤立和私人的个人的行动"开始研究（Cole，

1920，pp.6，11)。要以一种不侵害他们个人自由的方式将他们的意志转变为行动，科尔认为，人们就必须参与他们所在团体的组织和管理。参与的观念是他理论中的核心部分。科尔在回应密尔对边沁理论的批评时谈道，“我认为社会组织的目标不仅是物质方面的效率，而且也是所有成员的最充分的自我表达。”自我表达“要求自主管理”，这意味着我们必须“号召人们充分参与社会事务的共同活动”(Cole，1920，p.208)。反过来，这又要求所有成员享有最充分的自由，以使“自由得到最完美的体现”(Cole，1918，p.196)。又一次，根据卢梭的观点，科尔认为当个人“在法律的制定过程中能够和他的同伴们一起合作时才是最自由的”[22]。

科尔的理论是一种社团理论。他所界定的社会是由“按照他们的成员意志结合在一起的许多社团所组成”[23]。如果个人能够自我管理，那么他不仅能够参与所有他所在的团体的决策过程，而且这些团体本身也能够自由地控制他们自己的事务(在这里科尔将国家的干预看作是主要的危险)，如果他们在这个意义上能够自我管理，那么他们在政治权力方面大体上是平等的。在《劳工的世界》一书中，科尔指出，在法国大革命中许多团体受到压迫是历史的偶然，因为另外一些团体恰好拥有特权。他继续指出，“认识到必须存在特定社团的地方，这些团体应当大致均衡地分布，卢梭承认在大的国家中团体形成的必然性。我们或许可以将团体的新哲学看作是法国大革命中真正平等精神的继续发扬”(Cole，1913，p.23)。

这一社团理论通过功能性原理即“社会组织的构成原理”，与科尔的民主理论结合起来(1920，p.48)。科尔认为，“当它从功能和目的的角度思考时，民主是真实的”，一个社团的功能取决于它之所以建立起来的目的(Cole，1920a，p.31)。每个社团“在其内部设定一些超越其基本存在的目标，它不得不指定给它的成员一定的任务和责任，以及实现这些任务的权力和权威，为了使团体的总目标能够有效实现”(Cole，1920，p.104)。这就意味着，代议制管理模式(广义上的代议制)在大多数社团中是必要的。按照科尔的观点，现有的代议制被错误理解了，原因主要有两个。首先，由于忽视了功能原理，人们错误地假设个人作为一个整体被代表是可能的，而不是关于某个容易辨认的功能方面被代表。其次，在现有的议会制度下，选民无法真正地选择并控制其代表，这一制度实际上否定了公民的参与权，因为“一旦选举产生代表，根据这种理论，普通人除了让别人统治自己以外基本上无能为力”。另一方面，功能代表制意味着“普通人可以不断地参与那些他所直接有关的社会结构部分的行动，他对这一社会有着最大机会的了解”[24]。

这样，在科尔的理论中，全国层次上的代议制“制度安排”与民主之间存在着差异。对于后者而言，个人必须参与所有与他有关的社团的活动，换言之，一种参与性社会是必要的。科尔讲道，民主原理“不仅或主要运用于社会行动的特殊领域如人们所熟悉的‘政治领域’，而且也应当运用于任何一种社会行动的领域，特别是像运用于政治事务那样充分运用于工业和经济领域”(Cole, 1920a, p.12)。这一观念实际上隐含于科尔在卢梭理论基础上提出的“团体的新哲学”中，这一新哲学将卢梭关于参与功能的洞见运用于所有社团或组织的内部活动中。因此，对于科尔，就像密尔一样，参与的教育功能是关键的，他同时强调个人和他们所处的制度不可能被割裂开来考虑。他在《重申基尔特社会主义》中评论道，如果说基尔特社会主义理论主要是一种制度理论，这不是因为

> 它相信人们的生活应当从社会机制的角度理解，而是因为社会机制，不管这种机制是好还是坏，也不管它与人类的欲望或本能是和谐还是冲突，要么推动、要么阻碍了人的个性的表达。如果说环境无法在绝对意义上塑造了性格，如同罗伯特·欧文(Robert Owen)认为的那样，但是环境的确引导并将性格转变为各种不同的表达形式(Cole, 1920a, p.25)。

如同密尔一样，科尔认为只有通过在地方层次和地方社团中的参与，个人才能“学会民主的方法”。“个人对现代政治这一庞大的机制无法施加控制，不是因为国家的巨大，而是因为他在更小的单位中缺乏机会去学习基本的自我管理的知识”(Cole, 1919, p.157)。事实上，在这里，科尔相当程度上忽视他自己观点的意义，现代国家如此之大这一事实是一个重要的原因，使个人能够参与社会的“替代性”的政治领域，在科尔的书中显示他自己很了解这一事实。

然而，重要的是，科尔认为工业领域提供了参与的教育功能得以实现的极其重要的场所。因为在工业领域这一政府之外的场所，个人最大程

度地卷入一种上级与下级之间的关系，普通人的大量时间花费在工作中。正是由于这一原因，科尔声称大多数人在回答“我们当代社会中最大的邪恶是什么?”这一问题时答案是错误的:“他们的回答是**贫穷**，但正确的答案却是**奴役**”(Cole，1919，p. 34)。被赋予了选举权的成千上万的人们，他们已经获得了自我管理的机会，但实际上却“在接受关于服从的训练”，这种训练在他们每天的工作中发生。科尔认为，“工业制度……在很大程度上造成了政治民主的悖论。为什么许多人名义上享有至高无上的地位，实际上却毫无权力。主要原因在于，他们所生活的环境使他们不习惯或不适合行使权力和承担责任。工业领域中的奴役制度不可避免地反映了政治领域中的奴役”(Cole，1918，p. 35)。只有当个人在工作场所中获得自我管理的机会，只有当工业在一种参与的基础上组织起来，这种训练奴役的机制才能转化为对民主方法的教育，个人才能熟悉民主程序，逐渐形成适应有效的大规模民主政治所必要的“民主性格”。[25]

像卢梭一样，科尔认为，如果没有实质性的经济平等，政治权力的平等是不可能的，他的理论向我们提供了一些有趣的思考，在现代经济生活中卢梭那种由农民小业主组成的理想社会的经济平等如何才能实现。按照科尔的观点，“由投票箱构成的抽象民主”并不能实现真正的政治平等，由普选权所反映的公民之间的平等只是形式上的，它掩盖了政治权力实际上不平等分配的事实。他讲道，“那些理论上的民主主义者，忽视了财富和地位重大不平等导致了教育、权力和对环境的控制方面的不平等的事实，这一事实对于任何一个真正的民主体系而言都是非常致命的，不管是在政治领域还是在任何其他领域。”[26]

科尔反对工业资本主义组织的一个主要观点，认为在这种组织形式下，劳动只不过是另一种商品，因而劳动的“尊严”丧失掉了。在基尔特社会主义制度下，劳动的尊严将得到充分的体现，意味着“权利的承认……机会和地位的平等高于所有其他事务”(Cole，1918，p. 24)。机会和地位的平等是非常重要的，只有地位的平等才能使人们获得平等的独立性，正如我们已经从卢梭的理论中看到，地位的平等对于参与的过程是关键性的。科尔想到过发起一项收入平等化的运动，终极平等来自于“破除整个按劳取酬的观念”(Cole，1920a，pp. 72—73)，但是废除地位差异在他的理论中占据了更重要的地位。部分地，废除地位差异可以通过在基尔特社会主义制度中生产方式的社会化得到实现，因为那时阶级将被消灭（从概念上，科尔的理解是马克思主义的），但（实际）更重要的是其他两个原因。在一种参与制度下，不再有"管理者"的团体和对企业的事务无权控制的"普通工人"的团体之分，只有一个平等的决策者团体。其次，科尔认为参与性的工业组织将导致普通工人对失业的恐惧心理的消失，因而必须废除掉其他更大的地位差异如职业保障方面的不平等。

然而，尽管科尔的民主理论集中于建立工业领域的地位平等，他（尽管熊彼特对此颇多指责）还是意识到在民主制度下保留领导的必要性，他认为功能原理可以提供答案。如果代表（领导）活动在功能基础上组织起来，那么就有可能产生"代表"而非"代理人"。这是十分必要的，因为它似乎是选民控制代表的唯一途径，"只要选民的投票活动一结束，选民作为一个团体的作用就会下降，直到下一次选举活动开始为止"。相比之下，功能性的社团可以连续地存在和进行活动，因而能够不断地向代表提出建议，批评代表，如果有必要的话，甚至可以罢免代表。它们的另一个优点在于，"不仅选举代表去做那些代表所了解的工作，而且选民们对这些工作也有所了解。"[27]

尽管科尔将"物质方面的效率"只是视为社会组织和政治组织的一个目标，但他认为参与性社会在这方面的要求更高。在经济得到保障和经济平等的条件下，利润动机——"贪婪和恐惧的动机"——将被自愿服务的动机所取代，工人们将看到他们的劳动是为了整个社会的利益。他认为在普通人中蕴藏着参与社会所需要的大量未开发的能量和创造性，自我管理是提高劳动效率的关键。"在一个从任何道德立场上无可挑剔的制度中"，工人们从未通过说服的方式去发挥他们的能量。[28]

我们对科尔关于工作场所和其他领域实行自我管理的特别计划，即基尔特社会主义的主要兴趣，在于它给我们提供了一幅参与性社会的具体蓝图。科尔提出了几种版本，但在理论上最具有多元主义的描述可以在《重申基尔特社会主义》一书中看到，我们可以看到对基尔特社会主义的简述。[29]基尔特社会主义结构可以从基层自下而上，在纵向和横向上组织起来，可以在所有层次上、所有方面实现参与。垂直结构在本质上是经济性的——因为按照功能主义原理,社会中的政治功能和经济功能是分开的。在经济方面,生产和消费也是不同的。30 真正被认为属于"基尔特"的实际上是生产领域的组织单位。在经济领域,科尔也建议成立消费者的合作组织、公用事业委员会(如煤气的供应等)、公民基尔特等组织来提供卫生、教育等方面的服务,成立文化委员会来"表达公民的观点"——以及任何在其他领域所必要的特殊组织。车间是建立基尔特的"基本模块",类似地,小到每个委员会等的基层单位,只要能够使每个人获得最大程度参与的组织,也是建立基尔特的基础。每个基尔特选举产生垂直结构上更高一级的代表,即地方和地区的基尔特和委员会,在最高层,则选举产生工业基尔特大会(或者类似组织)。

建立横向(政治)结构的目的是为了"表达整个社会的公共精神"。每一个城镇或乡村地区都有它自己的社区,在那里每一个基本单位就是行政区,可以实现每个人最大程度的参与,可以从基尔特组织和任何其他地方组织中选举产生代表。第二个横向层次是由地区性的公社所构成,将城镇和乡村地区以及地区性的基尔特连接在一起,在最高层则是全国性的公社。科尔认为,全国性的公社是一个纯粹协调性的组织,不管是在功能上、历史上还是结构上,与现存的国家没有联系。

在这里,我们并不关心这一特定蓝图的优点或缺点,正如科尔所说,"构成基尔特社会主义的原理远比基尔特社会主义者所构思的这一组织形式更为重要"(Cole, 1920c, p. 7)。我们所关心的,是构成参与民主理论的基本原则,以及这些原则与当代社会之间的实证关系。

这里所讨论的民主理论与我们称为代议制政府理论家们的理论之间的巨大差异,使我们很难理解"古典"民主理论神话如何得以持续至今,并且是如何被大力倡导的。这里所检视的参与民主理论不只是那些人们通常谈论的理论,而且是提供了实现(真正的)民主政体的"行动计划和特别方案"的理论。但是,可能是最奇怪的批评,如贝雷尔森指出的,这些早期理论家并不关心"如果(政治)制度按照要求运行所具有的一般特征",在他们的著作中忽略了作为整体的政治体系。很清楚,这恰恰是他们应当关心的。尽管他们的理论中发现了对于成功地建立和维持民主政治体系十分关键的变量,社会中非政府领域的权威结构,恰好是埃克斯坦在他的稳定民主理论中所提出来的，早期和后来的民主理论家从这里所得出的结论完全不同。为了评价这两种民主参与理论（以一种类似于上述当代民主理论的方式），我将通过简单地从刚刚讨论过的三种理论中概括出一种参与民主理论。

参与民主理论集中围绕着主张个人和他们所处的制度无法割裂开来考虑的观点而建构起来。全国层次上代议制度的存在不是民主的充分条件，因为要实现所有人最大程度的参与，民主的社会化或“社会训练”必须在其他领域中进行，以使人们形成必要的个人态度和心理品质。这一过程可以通过参与活动本身而进行。因此，参与民主理论中参与的主要功能是教育功能，最广义上的教育功能，包括心理方面和民主技能、程序的获得。这样，就不存在关于稳定参与制度的特殊性，通过参与过程的教育功能，参与制度可以维持下去。参与活动发展和培育了这一制度所需要的品质，个人的参与越是深入，他们就越具有参与能力。关于参与的相对次要的假设认为，参与具有整合性的功能，参与有助于人们接受集体决策。

因此，一个民主政体如果存在的话，就必需相应地存在一个参与社会，即社会中所有领域的政治体系通过参与过程得到民主化和社会化。最重要的一个领域就是工业领域，大部分人的一生中大量时间花费在工作中，工作场所的活动在集体事务的管理方面提供了一种教育功能，这在其他领域是没有的。参与民主理论的第二个方面，像工业这样的领域本身就应该被看作是政治体系，它提供了除了国家以外的参与领域。如果个人试图对他们自己的生活和环境施加最大程度的控制，那么，在这些领域的权威结构必须按照他们可以参与决策的方式组织起来。工业在参与理论中处于核心地位的进一步理由与实质性的经济平等有关，这种经济平等要求赋予个人（平等）参与所必需的独立和保障。工业权威结构中的民主化，废除了“管理者”和“工人”之间固定的差异，意味着向满足这一条件迈出了一大步。

当代民主理论和参与民主理论可以在每个实质性的方面进行比较，包括“民主”本身的特点、“政治”的定义。在参与理论中，政治不仅仅限制于通常所指的全国性政府或地方政府。在参与理论中，“参与”又一次指在决策过程中的（平等）参加，“政治平等”指在决定决策结果方面的权力平等,一个完全不同于当代理论对此的界定。最后,参与民主理论中对民主体系的辩护,主要在于,从参与过程中逐渐积聚的人性的结果。人们也许可以将参与模式概括为最大程度地输入(参与),而输出不仅包括政策(决定),也包括每个人的社会能力和政治能力的发展,因此存在着从输出到输入的"反馈"。

对所谓的"古典"民主理论的许多批评隐含着这一理论只能在理论上进行争论,因为很明显,这一理论是非现实的而且是过时的。参与民主理论远非古典理论家们表述的那样。的确,这一理论中的许多特征反映了最近的政治理论和政治社会学中的一些重要主题和方向。例如,它是一种自我维持的体系这一事实,吸引了许多研究政治的学者,有意或无意地使用这一模式。以及,参与民主理论和最近的社会多元主义理论之间的相似性相当明显,尽管学者们通常认为只有"次要的"社团作为个人和全国性政府之间的桥梁,而对于这些社团内部的权威结构则未做评述。[31]对参与理论中的"政治"一词的宽泛定义,也与现代政治理论和政治科学中的实践紧密相关。前文所提到过的当代民主理论的一位重要倡导者,达尔(Dahl, 1963, p.6)将政治体系界定为"在很大程度上涉及权力、法则和权威的人的关系的持续模式"。很奇怪,最近研究民主理论的学者,没有一位带着这些关心来重读早期理论家们的著作。任何有关这一理论的解释,毫无疑问地,总会提到这一人们普遍的看法(尽管这些早期的理论据说是描述性的),"传统的"政治理论家,尤其是民主理论家,从事的主要是规范性的、"充斥着价值判断"的研究,他们的著作因而与当代科学的政治理论家们的研究几乎没有直接的关系。

不管事实究竟如何,问题仍然没有解决,但对实证现实主义和民主参与理论的正确性的评估现在可以进行了:参与社会的观念是否是一种乌托邦的幻想——以及一种危险的幻想?理论的解释立即引出了几个重要问题。例如,"参与"的定义的问题。显然,在有可能直接参与的地方这一定义就有关了,但不清楚的是,尽管个人在一个参与性社会中享有更多的政治参与机会,但在多大程度上直接参与的模式能够在代表制广泛必要的条件下得到复制。从现有的大量研究来看,还没有对这一问题的满意答案。参与民主的理论建立在两个假设基础之上:参与的教育功能和工业的关键性地位，我们的注意力将集中在这两个方面。在民主的两种理论中主要的争论是工业领域的权威结构是否可以民主化，但在回答这一问题前，必须先回答另一个更为基本的问题。在下一章中，我们将先开始讨论，是否有证据表明，在工作场所的参与活动与其他的非政府领域以及更广泛的全国性的参与活动之间，存在着特定的联系。

注　释

1. 根据卢梭对这一术语的使用，在《社会契约论》中描述的政治体系并不是民主体系。根据卢梭的观点，“民主”制度中公民制定法律的同时也执行法律，Rousseau，1968，bk. Ⅲ，ch. 4。值得一提的是，卢梭主张的是直接的民主制度，而不是代议制，它不符合熊彼特关于古典民主理论的界定。

2. Rousseau，1968，bk. Ⅱ，ch. Ⅱ，p. 96 以及 1913，p. 254。

3. Rousseau，1968，bk. Ⅱ，ch. 4，p. 75. 也可参见 p. 76，“公意是这样一种制度安排，在这一制度中每个人都必然地要服从他所加之于别人的条件”。

4. 至于谈到熊彼特的古典定义时，认为卢梭理论中公民能够决定“问题”，这是误用了有关概念。他们通过参与所实现的是形成正确解决问题（即公意）的答案。当我们在今天的政治环境中理解这一术语，一个“问题”中就不一定只有一个正确答案，也没有能力进行“逻辑推断”。正相反，参与情形的关键是，每一个独立但互相依赖的个人“被迫”去接受只有一个正确答案的观念，并将“每个人”一词运用于自己身上。

5. Rousseau，1968，bk. Ⅱ，ch. 3，p. 73. 也可参见 Barry，1964。

6. 造成“迫使”个人为自己而学习的形势是整个卢梭教育理论的基础，以及参见 Shklar（1964）对《爱弥儿》和《新爱洛依思》的评论。卢梭倡导的教育公民的其他方法（例如公共仪式）可能来源于他的悲观主义，这些方法也不是卢梭理论的必要组成部分。最多地，这些方法发挥的作用与参与一样，但无法取代参与的地位。法律创议者的制度能够回答最初进入参与地位的措施是如何进行的，但是按照卢梭自己的观点，所有的政府最终都会“腐化”，而具有自我维持特点的参与性政治体系应该是个例外。

7. Rousseau，1968，bk. Ⅰ，ch. 7，p. 64，以及 bk. Ⅰ，ch. 8，p. 65。

8. 参见 Rousseau，1968，bk. Ⅲ，ch. 18，p. 148，以及 1953，pp. 192ff.。

9. Rousseau，1968，p. 42. 关于这一观念人们更为熟悉的批评是，这一观念具有潜在的“极权主义取向”，或至少是非自由主义的，它与消极自由的概念几乎没有关系，而消极自由通常被认为是与民主相容的唯一的自由形式。很清楚，这一讨论含蓄地否认存在两种自由的概念，认为卢梭是积极自由的坚定支持者。它也否认在谈论成为一个人自己的主人时，卢梭仅仅指的是成为一个人“低级本质”的主人。这一因素存在于卢梭的理论中，却表明卢梭的整个理论具有高度的误导性。卢梭关于自由讨论的整个参与背景因素被忽略了，这种理解是可能的。关于对这一解释的批评尤其可参见 Berlin(1958)，也可参见 Talmon，1952。

10. John Stuart Mill，1910，前言和 p. 254。关于“如何奉献”的记述参见 Burns，1957。

11. Duncan and Lukes，1963，p. 160. 提到了政治体系的自我维持能力，但是认为这种能力来自人们拥有的合法权利，而且人们有能力行使这些权利，从而实现“道德自主”。当然，约翰·斯图亚特·密尔的观点认为，是行使而不是拥有权利才是重要的。没有参与制度，仅仅拥有合法权利对政治体系获得自我维持能力几乎没有影响。

12. 参见 Mill，1924，pp. 162—164 以及 Robin，1968，p. 106。

13. Mill，1965，bk. Ⅴ，ch. Ⅺ，§6，p. 944.

14. 参见 Robson 书中的引用，1968，p. 210。

15. Mill，1963，p. 17. 密尔将这种状况与其所处的“转型时期”的状况进行了对比，后一种状况下旧制度和旧理论已经“过时”，大众对受过教育的阶层失去了信任而“缺乏引导”。

16. Mill，1965，bk. Ⅳ，ch. Ⅶ，§2，p. 763.

17. 参见 Humburger，1965，p. 86。密尔对受过教育的少数人的强调表明，熊彼特批评古典理论家忽略了领导者的观点是明显误解了。

18. Mill，1910，p. 283. 在他的自传中，密尔承认几乎没有人赞同多元投票的建议。

19. Mill，1965，bk. Ⅳ，ch. Ⅶ，§6，p. 792.

20. Mill，1965，bk. Ⅱ，ch. Ⅰ，§3，p. 205. 密尔使用“共产主义”一词比我们今天的使用更为松散。

21. Mill，1965，bk. Ⅳ，ch. Ⅶ，§6，p. 775. 也可参见§2，3，4。

22. Cole，1919，p. 182. 但是科尔并不赞成自由是由对这些法律的服从所构成的观点。他认为法律是“人类自由的断头台，他们不是组成自由的部分”，1918，p. 197。

23. Cole，1920a，p. 12. 或许应该指出的是，科尔并没有在这些团体中看到个人的所有生活。个人的许多生活，以及他的最有价值的部分，是在团体之外得到体现的。个人是“整个制度体系的轴心，因为在他身上不同制度的不同目的结合为一种单一的个性”，1918，p. 191。

24. Cole，1920，p. 114，也可参见 pp. 104—106。

25. 科尔的所有著作中含蓄地认为一种参与性社会的必要，这一假设认为参与具有一种整合性的效果。这一假设构成了科尔所指的“社会”的基础，反映了他对地方参与制度重要性的强调，通过地方上的参与活动，人们可以学习“社会精神”。在工业领域，一个基本的假设是，新的组织形式应该有助于培养工人群体中的合作关系和伙伴关系，而不是通常的那种冲突关系。参见 Cole，1920，p. 169 以及 1920a，p. 45。

26. Cole，1920a，p.14，也可参见 1913，p.421。

27. Cole，1920，pp.110—113. 这样一种制度可以部分回应对民主制度中选民缺乏相当程度“理性”的质疑。L.P.卡彭特（L.P.Carpenter，1966）认为科尔在他的时代还没有涉及对人类行为中非理性因素的分析。但是不管如何，科尔像其他的参与理论家一样，认为“理性”，至少部分地，可以通过参与过程来获得。

28. Cole，1918，p.181 以及 1920b，p.12。一些从经济角度对基尔特社会主义的批评可参见 Glass，1966 以及 Pribicevic，1959。

29. Cole，1920a. 在 S.T.格拉斯（S.T.Glass，1966）的书中可以看到记述基尔特社会主义的发展历史和对这一理论（科尔的理论是唯一被提到的）的一般讨论。科尔的蓝图是否像他自己认为的那样属于“多元主义”值得怀疑。他认为一旦基尔特社会主义开始实践，国家将由于缺乏真正的功能而逐渐“退缩”，但他提出的全国性公社，一个新的合作体，将被证明是在最基本意义上被重新命名的国家。

30. 正是对这一分工的看法，使科尔既不同于集体主义者和合作主义的倡导者，因为这两种观点均反对赋予生产者自我管理的权利，也有别于辛迪加主义者，因为他们不承认消费者需要特别的代表。

31. 参见 Eckstein，1966，p.191。

第三章
工作场所的政治效能感和参与

当代的民主理论和参与民主理论均认为，个人应当接受一些在国家政治过程之外的民主“训练”。然而，当代民主理论的倡导者如达尔或埃克斯坦，几乎没有谈到这种训练如何进行。在现有的组织和社团中要求进行一种明显属于民主的社会化训练，存在着一定的困难，因为这些组织和社团，尤其是工业领域的组织中实行寡头制和等级制。参与民主理论主张通过在非政府的权威结构的参与过程中进行民主的教育，因而，进一步主张这些权威结构应当民主化，这一观点表面上看上去相当有说服力（尽管萨托利声称“通过投票活动来学会如何投票的”说法是不成立的）。在分析是否有实证资料支持工作场所的参与同更广泛的政治领域的参与之间的关系之前，先要回答这一关系是如何发生的。在这里，两种理论又一次产生了共同的立场，均认为心理因素扮演了中介的角色。参与民主理论认为一定的参与经历使个人更好地适应未来进一步的参与活动，在最近关于政治社会化和政治参与的实证研究中，一些有趣的证据支持了这一观点。

约翰·斯图亚特·密尔认为，参与活动将培养人们一种“积极的”性格。科尔建议我们应当培养一种叫做“非奴役的”性格，而赋予这些观念一些实证的内容是可能的。例如，如果一个人要实现在工作场所中的自我管理，那么就显然需要某些特定的品质。又如，如果某个人能够实现自我管理，就要求个人具有对自己负责任和有效地参与的能力，以及控制自己的生活和环境的能力，必须充满信心。这些性格与“奴役”或“消极”性格是没有关系的。有理由表明，这种信心的获得，至少部分地，是属于那些参与社会的理论家认为可以通过参与过程逐渐积累起来的心理益处。人们也可以将这些品质看作是著名的“民主性格”的一部分。通过对政治行为和政治态度进行实证调查基础上提出的一项最重要的关系，是关于参与活动和人们所知的政治效能感或政治能力感之间的关系。这一关系被描述为一种感觉，“个人的政治行动确实，或者能够对政治过程产生影响，因而值得去承担个人的公民责任”（Campbell et al.，1954，p.187）。具有政治效能感的人比那些缺乏这种感觉的人更有可能参与政治生活。研究还发现，这种政治效能感的基础是一种普遍的、个人对其自身活动效果的感觉，这涉及个人在处理各种事务方面的自信。“那些在迎接每天的任务和挑战中感到更有效果的人们，更有可能积极地参与政治活动。”[1]加布里埃尔·A.阿尔蒙德（Gabriel A. Almond）和西德尼·维巴（Sidney Verba）曾经指出，“在许多方面……相信自己的能力是一种重要的政治态度”（Almond and Verba，1965，pp.206—207）。因此，无论如何，我们可以将政治效能感或政治能力感看作是参与民主理论家所提到的心理效应的一个操作性解释。现在的问题是，是否有证据表明，非政府领域的参与尤其是工业领域的参与，在形成这种效能感过程中具有重要的意义。

最有趣和最重要的证据来自于阿尔蒙德和维巴的《公民文化》一书。这本书是关于个人政治态度和政治行为的跨文化研究，包括对美国、英国、德国、意大利和墨西哥的研究。这本书的一部分是关于政治能力感及其发展的分析。作者发现，在所有五个国家中，在政治效能感和政治参与之间存在着一种积极的关系，尽管在地方层次上比在国家层次上，人们的政治效能感水平更高。研究同时发现，在美国和英国，政治效能感的水平是最高的，这些国家在地方的政治参与活动中存在着最多的制度所规定的机会。[2]

这一研究支持了密尔认为地方政治制度作为民主训练场所具有的重要意义的观点。的确，两位作者自己也认为，从这些事实中

> 可以得出一个支持古典假设的观点，地方层次的政治参与在发展公民的能力方面扮演了重要作用。正如许多学者指出的，地方政府可以作为政治能力的训练场。地方政府允许民众参与的地方，能够培育一种效能感，这种感觉可以传播到整个国家的层面（Almond and Verba，1965，p.145）。

他们也调查了自愿性组织中的参与效果，发现在所有五个国家中政治效能感在组织成员中比非组织成员更高，而在所有的积极成员中，尤其是政治组织中成员的效能感最高。我们已经指出，民主的参与理论与最近社会多元主义的观点有类似之处。阿尔蒙德和维巴关于组织成员的研究结论认为，“多元主义，即使不是很明显的政治多元主义，也的确是政治民主的最重要基础之一”(Almond and Verba, 1965, p.265)。总之，最近关于政治社会化的调查显示，当参与民主的理论家们建议个人应当将他们在非政府权威结构中的经历推广到更大范围的、全国性的政治领域时，他们已经获得了相当坚实的理论依据。像埃克斯坦在他的书中指出的那样，阿尔蒙德和维巴将这些权威结构看作是关键变量，他们认为：

> 如果在大多数社会制度中，个人发现他自己从属于某个权威人物，就很有可能在政治领域也存在这样一种权威关系。另一方面，如果在政治领域之外，他有机会参与广泛的社会决策，他同样可能在政治决策中参与。而且，非政治决策活动中的参与赋予了一个人在从事政治参与时所需要的技能(Almond and Verba, 1965, pp.271—272)。

阿尔蒙德和维巴指出，在这一政治社会化过程中，成年人的经历是重要的。但是最近的一些研究，例如戴维·伊斯顿(David Easton)(和他的同事)集中于对早年儿童时期的研究，认为这一时期在形成后来的政治行为和态度方面具有重要的作用。然而，尽管在《政治体系中的儿童》(Easton and Dennis, 1969)一书中的证据表明，政治学习在儿童时期就已经发生，尽管这种学习也的确有助于建立对政治权威的“散布性支持”，但是，在书中没有证据表明，在特定的成年人政治行为或政治态度与特定的儿童学习之间具有关联性(即儿童知道政治权威的意义，以及与政治权威的联系，主要是通过总统和警察的人格体现出来的)。确实，许多学者自己的评论质疑这种儿童时期学习的作用。他们指出，“令人奇怪的是，即使在一个充满着弗洛伊德的先入之见的时代，童年时期的经历对成年后行为的影响也是有争议的”(Easton and Dennis, 1969, p.75)，父母总是倾向于保护孩子远离政治生活的现实。[3]有意义的是，随着对世界的越来越多的(现实)接触经历，大一些孩子的态度与小孩子的态度是不同的。实际上，这些学者自己也强调后来的经历对政治社会化的重要性，认为“儿童时期以后发生的社会化,在特定的背景下可能朝相反的方向发展……发展的结果取决于所遇到的境遇"(Easton and Dennis, 1969, p.310)。

分析这些成年人的经历并不意味着儿童时期在政治社会化过程中不重要——后来的经历可能强化先前所形成的态度。这一点与儿童中间政治效能感的发展问题有着直接的关联,正如伊斯顿和杰克·丹尼斯(Jack Dennis)调查结果所指出的。但他们与阿尔蒙德和维巴一样,不关心为什么一些人比其他人在政治方面更富有效能感的问题,而主要关心儿童是否接受政治效能感的准则。这一研究还是没有告诉我们有关成年人的政治态度。[4]对政治效能感的研究中发现的一个最显著的关联是,不同的政治效能感水平与社会经济地位联系在一起,社会经济地位较低的个人政治效能感也较低(参与也更少)。这种阶级与效能水平之间的关系同样存在于儿童群体中,伊斯顿和丹尼斯也认为在儿童身上测量出来的效能水平实际上反映了儿童对于他们父母的政治态度和行为的看法(Easton and Dennis, 1967, p.31)。这可能是真实的。我们还需要解释在成年人中这种差异的情况,不能简单认为这种差异是他们自己在儿童时期的结果反映……

发现这一解释发挥作用的领域已经被看到——个人在非政府的权威结构中的经历,个人的这些经历解释了儿童时期和成年时期在效能水平方面的差异。阿尔蒙德和维巴发现,在所有五个国家中,(记忆中的)有过在家庭和学校中的参与机会与政治能力方面的高得分有着关联,在更高教育层次上享有参与机会的影响尤其重要。中产阶级的儿童最有可能在政治效能方面得分高,我们知道中产阶级的家庭最有可能提供给他们的孩子在家庭权威结构中的"参与"机会,而工人阶级的家庭倾向于"权威主义"作风,或者显示出非连续性的权威模式。因为中产阶级的孩子更有可能接受更高层次的教育,我们可以在他们身上看到一种累积性的参与机会模式。[5]

然而,尽管在儿童时期就已经出现这些差异,按照阿尔蒙德和维巴的观点,成年后的经历更为关键。根据对五个不同国家的调查数据,他们得出结论,"在相对现代的和多样化的社会体系中,在家庭以及可能在学校中的社会化,政治参与方面的训练是不够的"(Almond and Verba, 1965, p.305)。对于政治效能感的发展具有“关键意义”的是“在一个人的工作场所中参与决策活动的机会。工作场所的权威结构可能是普通人发现在他的日常交往中最重要的——以及是最明显的——权威结构”(Almond and Verba，1965，p.294)。

实际上，成年人在工作场所不同权威结构中的经历也解释了在他们的孩子身上发现的不同的政治效能感水平。有一种解释儿童成长过程中阶级差异的观点，是关于社会地位较低的父亲对孩子的影响，“那些工作上没有自主权、受到别人指挥没有力量控制他们自己的父亲，被发现更具有侵略性和更为严厉”(Cotgrove，1967，p.57)，即他们并不能提供一种参与性的家庭环境。当然，工作中的经历的确影响了成年人政治效能感的发展。阿尔蒙德和维巴调查那些受访者，他们在工作中是否接受过有关工作的决策事务，他们是否可以自由地对决策表达不满，以及他们实际上表达不满的程度如何。在所有五个国家中，参与机会与政治效能感存在着正相关关系，同时也可以看到，受访者的社会经济地位越高，其参与的机会越多。[6]

调查还发现，参与活动具有累积性的效果，一个人参与的领域越多，他在政治效能感方面的得分可能就越高。[7]我们已经指出，这种参与机会的累积性特点主要发生在那些社会经济地位更高的人群身上。那些社会经济地位较低的群体一般来讲参与的机会是最少的，尤其是在工作场所的参与。社会经济地位低的含义部分地就是指个人对他的工作和工作条件基本上没有控制权，无法发挥主动性，在企业的决策过程中没有发言权，只是接受他上级的指挥。这种情况将导致无效能感，无效能感由于缺乏参与机会而强化，又会进一步加深无效能感……这种现象在几年前G.诺普夫(G.Knupfer)的文章《弱者的画像》中曾经被强调过。这篇文章中认为，社会地位的不同方面集中起来，出现了一种恶性循环，“回想起《圣经》中的话‘赋予他应当得到的’。”作者强调在这一过程中心理因素的重要性，认为在社会经济地位较低的团体中缺乏控制环境的能力，主要原因是“他们身上根深蒂固的服从观念”。这样，经济上的不利地位就与心理上的不利联系起来，导致了“自信心的缺乏，社会经济地位较低的群体更加不愿意参与到我们时代主导性的中产阶级文化，他们的现实态度是行动上的退缩，适应于消极行动的状况”(Knupfer，1954，p.263)。

现在有证据支持参与民主理论的观点，即非政府权威结构中的参与对于培养和发展全国层次上的参与所要求的心理品质(政治效能感)是必要的。人们引用证据来支持，工业是这种参与得以发生的最重要的领域，它确实有助于我们解释为什么在社会经济地位更低的群体中政治效能感较低的现象。我们将进一步通过实证研究，来分析工业领域中不同的权威结构对个人的态度和看法的影响。

最近一段时期，人们对不同的权威结构和不同的技术对于那些在其中工作的工人所产生的影响较为关注。就像一个社会地位较低的工人，在一个等级权威结构和在固定的领导关系中的地位那样，在技术领域，他同样从属于技术过程的外在命令的控制。[8]对这一现象的有趣描述可以在R.布劳纳(R. Blauner)对四种不同工作环境的比较研究中发现。在《异化和自由》(Blauner, 1964)一书中，布劳纳研究了(美国)印刷业、纺织业、汽车业和化学工业中普通工人与劳动分工之间的关系，工人与工作组织和技术过程之间的关系，以及这些关系对工人的影响。只有特定的工作环境有利于我们所感兴趣的心理特征的发展，即构成政治效能感基础的个人信心和效能感的发展。这些环境条件在汽车业和纺织业中并不存在。在前者中，“汽车业的工作环境是如此高度的理性化以致工人实际上没有机会解决问题和贡献他们自己的思想”，在这一环境中工人对他的工作程序和环节无权控制，没有可能运用自己的创新技能或实施领导活动(Blauner, 1964, pp.98, 111—113)。这种技术，以及汽车组装工厂所具有的典型的权威结构，对于培养工人的自尊感没有任何作用，“汽车工人的社会个性……表现为一种典型的对权威和制度体系的愤世嫉俗的态度”(Blauner, 1964, p.178)。纺织业中的环境更加不利于政治效能感的发展。在纺织业中，不仅技术过程将工人对他自己工作的控制减少到最低，而且工人也“任由上级摆布”。布劳纳引用了一项关于纺织工人的心理学研究，研究认为轧花工人的典型性格是他“退缩在自己的工作地点……具有明显的依赖性……对自己缺乏信心……感到卑微……最普遍的情感状态……似乎是恐惧和焦虑”(Blauner, 1964, pp. 69—70, 80)。这两个产业领域与印刷业和化工业之间的对比是明显的。在印刷业中，目前还仍然主要是手工操作，工人对他自己的工作有着较高的控制权，这一产业具有较高的、内在化的工艺标准和责任机制，工人享有不受外部控制的较高自由。布劳纳认为，所有这些因素有助于形成“一种体现强烈个人主义和自主性的……社会个性，坚定地支持社会中公民权的观念。(印刷工人)……具有较高的自尊和自我价值感，因此为参与社会制度和政治制度的运行做好了准备”(Blauner，1964，pp. 176，43ff.)。类似的发现可以在化工业中看到，但在化工业中，不是因为工人对工作具有的高度控制以及他们的工作环境，而是通过在运行和维护连续的工作过程中一组工人的集体责任中体现出来。每组工人对他们工作的程序和方法具有控制权，这些工人主要通过内部的自我约束进行工作。就像印刷业一样，这种工作环境有利于形成自尊和自我价值(Blauner，1964，pp. 132ff.，179，159)。布劳纳的结论认为，“工人工作的性质影响了他的社会特征和个性”，“不同的工业环境形成了不同的社会性格类型”。[9]

等级权威结构以及工作中的细致分工对人的个性的影响也受到了来自组织和管理领域的学者关注，他们对这一问题的分析主要从组织效率的角度进行。从这一角度的分析认为，需要一种不会损害雇员的“精神健康”和效率的权威结构和工作组织。例如，克里斯·阿吉里斯(Chris Argyris)在区分了两种模式即等级(官僚)组织模式和心理健康的个人模式基础上指出，现代社会中典型的权威结构模式未能满足个人自尊、自信和自我成长等方面的需要，他引用了大量的实证材料来支持自己的观点。这种权威结构模式不只影响到那些处于结构底层的人们。阿吉里斯认为，“组织形式”迫使管理人员隐藏他的感情，使他很难发展出在有效的管理活动中所需要的人际关系方面的能力和信心，他不愿意去冒险。反过来，这又提高了组织的“僵化”程度，进一步加深了对普通员工身心的有害影响。[10]很典型地，现代工业领域中的普通工人发现他处于一个很少能够运用自己的能力，对工作很少有机会控制，也缺乏创新精神的工作环境中。这将使工人们经历“一种自我控制和自我责任感的下降”，一段时期的经历累积可能“影响雇员们对自己的评价，他的自尊……他对自己生活的满意度，以及他对工作意义的评价”。阿吉里斯假设这些心理状况与对政治活动缺乏兴趣和缺少政治活动的经历有关，但他自己并没有验证这一假设(Argyris，1964，pp. 54，87—88)。

从上述分析中可以清楚地看到,参与民主理论认为个人的(与政治相关的)态度很大程度上取决于他的工作环境中的权威结构,这一观点具有坚实的事实根据。尤其是,政治效能感的发展好像取决于人们的工作环境是否提供了他们在决策过程中的参与机会。如果这是事实,那么问题是,就支持参与民主理论的一般实证证据的正确性而言,工业领域实际上是如何按照参与的模式组织起来的。我们将对这一问题进行讨论。

关于工业民主和工作场所的参与有着大量的证据。在过去的几年里,“参与”一词在管理领域和类似领域的学者中多少有些时髦。但是,这些证据几乎没有得到当代民主理论的重视,甚至埃克斯坦也认为不可能使工业领域的权威结构得到民主化。到目前为止我们所讨论的参与民主理论中,我们在使用“参与”和“民主”时实际上两者是同义的,在管理学的主要文献中基本上也是如此使用。然而,这种用法是错误的。但两者之间的确切关系,或者说在工业民主和不同的参与形式之间的关系,在对实证材料分析之后必须予以理清。实际上,两者的关系比预想中的要复杂得多。另一个需要考虑的有关问题,是工作场所参与的心理影响与不同的参与形式和工业民主之间存在着怎样的关系。

在分析实证材料之前,有必要先简单地考察这样一个使整个事情变得不同的观点。尽管工作场所的参与对于更为广泛的政治参与是重要的,然而,它却不是最重要的。因为,在今天越来越明显的是,闲暇已经成为工人们生活中最重要的一部分,也是工人们希望和能够得到心理满足的最重要领域。支持闲暇在今天的普通工人生活中具有核心地位观点的学者们,指出了这样一个事实,许多工人,尤其是体力工人,将工作看作是只具有工具价值的东西,将希望寄托在闲暇方面。因而,我们可以进一步延伸这一观点,就政治效能感的发展而言,闲暇或许可以替代工作的地位。[11]然而,这一观点遇到了许多困难。

首先,即使在闲暇取代工作的地方,如布劳纳(Blauner, 1964)指出的,也会导致一种基本的不平等,“在社会分工中可能出现:一部分是消费者在闲暇时间具有较高的创造性但工作却毫无意义,另一部分是在这两个生活领域中均能够自我实现”(Blauner, 1964, p. 184)。这一假设认为，在闲暇和工作中均有可能积聚起同样的心理益处，但在这两个领域中有着重要差异。“闲暇”一词涵盖了许多活动领域，其中一些，尤其是一些爱好，与“工作”活动非常类似，但它们在活动的背景方面不同。“工作”不仅意味着它提供了大多数人在世界中社会地位的主要决定因素，或者提供了个人“全部时间”所从事的活动，或者个人生活所必需的职业活动，而且也指与其他人进行合作的活动，那些属于“公共性”的活动，以及与更大的社会及社会（经济）需要紧密相关的活动。我们所指的工作，是那些潜在的涉及个人关于集体事务、企业事务乃至社会事务的决策的活动，其活动方式与闲暇时间的活动方式通常是完全不同的。即使一些爱好活动也具有如布劳纳在分析印刷工人时同样的心理效果，但是闲暇活动不是爱好，许多——大多数——不涉及个人任何东西的生产，而是消费，因而这种活动及其背景是完全不同的。更重要的是，有关“闲暇的论点”忽视了参与社会的理论家们对个人与制度之间关系的有关言论。是否一种特定的工业权威结构能够影响政治参与，它会不会同样影响到闲暇活动？这种关系已经被数位学者所指出。例如，D.贝尔（D.Bell，1960）写道，“‘显而易见的偷懒’是疲倦的工人阶级一种敌视姿态的反映”（Bell，1960，p.233）。G.弗里德曼（G.Friedmann，1961）认为，“为了弥补他在工作中的沮丧，劳动的分裂性并不总是推动工人们寻找更多的闲暇活动。反而是，工人们生活的其他部分往往杂乱无章”（Friedman，1961，p.113），“消磨时间”通常是当前工人们大众性行为的一般特征。戴维·理斯曼（David Riesman）已经改变了他在《孤独的人群》一书中对于闲暇的看法，在最近的著作中认为工作和闲暇都是“有意义的”[12]。最后，为了增强上述观点的说服力，一个重要的事实是，“公共性”的闲暇活动（如自愿性组织、政治活动）中最积极参与的是那些社会经济地位较高的团体，他们更有可能在一种有利于政治效能感发展的环境中工作。即使是有关闲暇的论点看上去更有道理，但是，至少在英国，大多数人很少有闲暇时间，在可以预见的将来，工作仍然占据了大多数人的大部分活动时间。[13]

就像许多术语在特定背景下的使用得到大多数人的接受一样，许多学者在不同的工业领域和管理领域使用“参与”一词时，他们对这一概念的不同含义并不是很清楚，或者说，这些学者在使用这一概念时并不清楚实际上已经涉及这一概念的几种不同含义。我们在对工业领域的参与进行实证分析时，区分出三种含义，或者说三种形式的参与。根据有关的资料，我们将提出参与民主理论家关于参与效果的特定假设，以及参与活动对企业中经济效率的影响的假设。

在布劳纳的书中关于不同的工作环境对个人心理导向的影响的证据中，关键变量是个人能够对他的工作和工作环境施加控制的程度。在讨论卢梭的参与理论时，我们强调了决策过程中控制和参与之间的紧密联系，很明显，如果一个人施加这种控制，那么他就必须至少参与直接影响到他工作的决策。目前，在许多不同种类的工厂中，工人们广泛渴望这样一种参与活动。在挪威的奥斯陆进行的一项针对 1100 名非管理职位工人的调查中，56%的蓝领工人和 67%的白领工人感到他们可能更多地参与“直接与我自己的工作和工作条件有关的决策活动”[14]。在对美国重工业中 5 700 名工人的调查发现，一半以上的工人希望在他们所从事的工作中享有更多的发言权。[15]在英国，从战后以来的工人罢工的趋势中可以看到一些关于这个主题的间接证据。除了要求增加工资而进行的罢工以外，其他关于工作安排、规章和纪律而进行的罢工，几乎占据了所有罢工总数的四分之三，换言之，大多数罢工是涉及那些与“控制”有关的问题。H. A. 特纳(H. A. Turner)评论指出，可以说这些罢工涉及“试图使管理命令和权威服从于一致同意的……规则；另一方面它们也反映了要求更多的民主和工业领域的个人权利的内在压力”(Turner，1963，p. 18)。

同样的要求在关于工作满意程度的(大量)材料中看到。有假设认为，大多数工人对他们自己很少能够施加控制的工作感到不满意，但实际上情况恰好相反。所有的证据显示，大多数工人对他们的工作感到满意。学者们对这一普遍满意的证据十分谨慎地进行解释，不像过去那样较为随意。正如约翰·戈德索普(John Goldthorpe)最近所评论的，“在其他证据相当清楚地表明工人在从事工作时受到了残酷的剥削的例子中，实际上我们好几次看到这种结果。”[16]更为重要的是“不喜欢”工作的原因。主要的一个原因是个人对他所做的工作和他所处的环境几乎无力施加控制。这尤其适用于“道上的人”(man on the track)这一最为极端的情况(我们从布劳纳的研究中已经看到)。那些对他们的工作满意的流水线上的工人通常提出一种理由，认为他们能够建立不同的工作组合，即他们有办法对工作施加控制。通常认为，随着技能水平的下降，对工作满意程度也下降，最缺乏技能的工作，也就最没有机会去控制工作过程。[17]布劳纳(Blauner, 1960, p.353)评论道："放弃这种控制这一事实似乎是强烈不满(被发现的)最重要的条件，至少与通常感到满意的条件一样重要。"

关于工作满意感以及工作满意感与工人们渴望对自己的工作和工作环境施加控制(参与)的关系的研究已经很多，因为工人对自己工作的满意感被发现与他们的士气、效率和生产能力之间有着紧密联系。从工人自身和企业的角度来看，工人工作满意感的提高对于整个其他方面是有益处的，因而人们采取不同的实际措施去克服劳动分工所带来的心理上的负面影响。其中一个就是工作扩大的观念。根据一位管理专家的观点，当工作的内容增加，这项工作就被"扩大"了。在这一观念背后有三种主要的假设：它可以使工人更多地发挥他的能力，赋予他更多的控制权，因而产量就会提高；其次，它可以创造更大的兴趣，由此提高了工作满意感；最后，它有助于克服"普通工人真切地感受到在企业事务的参与方面或关注企业成功方面的无能感"(Stephens, 1962)。工作扩大的一个典型例子是一个关于流水线上的女工重新组织的例子，重组后她们从事九项操作，而不是一项，她们自己进行监督，一定程度上得到了需要的满足。[18]

工作扩大可以被看作是工作场所参与的一种初步形式，或者朝向这种参与的第一步。实际上，工作扩大的更大的实验与称为"参与活动"的许多小型实验在形式上几乎难以区分，因为关于个人对他的工作施加控制的假设和这两种心理实验背后的心理态度的假设是一样的。在过去的二十年中进行了许多不同的"参与"实验，既是因为协商性管理政策的结果，也是重视工人们创造性的结果。这些实验的记述，以前是不可能进行的，现在被收集起来，在P.布隆伯格(P. Blumberg)最近的书《工业民主：参与的社会学》(Blumberg, 1968)中第五章得到概括。他指出，这些参与实验在许多不同的组织环境中进行

> 包括男孩俱乐部、妇女组织、大学教室、许多不同的工厂、办公室、商店、科学实验室，等等。类似地，这些实验是在具有不同的年龄、性别、教育水平、收入水平、职业和权力的人群中进行的。这些实验的对

象包括男孩、家庭妇女、大学生、不同技能水平的体力工人，以及不同工厂中的管理者、职员、销售员和科学家(Blumberg, 1968, p.73)。

在工业领域的参与实验中发现，工人在工作中参与的增加均会产生有益的结果。例如，在一个著名的实验中，从一家服装工厂中选择了四组工人。其中两组工人在资方提出的一项计划中参与了工作的重新组织。另一组工人通过他们的代表间接参与，第四组根本就不参与。实验的结果，在第四组工人中出现了敌对、生产的下降和工人离开工厂。在两个“完全参与”的团体中，相比之下，出现了合作的氛围，生产效率也提高了。[19]布隆伯格引用的四个实验中共同的特征是，它们使工人们可以自己决定原来只能由管理方单独决策的事务，诸如工作的进度、工作任务的分配、工作中的变革如何组织，等等。一个重要的方面是参与活动对参与者产生的心理影响。实际上，在这些实验中工人的地位转变为类似于布劳纳所描述的手艺人。因此，随着工人对工作满意度的提高，可以看到他个人的自信和能力感的提高，事实上就是如此。这样，这些实验进一步提供了实证的材料，证实了参与民主理论家们关于个人的心理导向与他们所在制度中的权威结构之间的关系的重要性。

然而，尽管布隆伯格书中的例子涉及工人在决策中参与活动的增加，但这些例子都是小规模的、短期的实验，涉及很少的工人，决策的层次较低。更为重要的是，企业中的权威结构几乎没有受到任何影响。布隆伯格著作的一个主要不足是，尽管他很容易地将这些参与实验的例子收集在一起，他并没有使用(工业)参与本身的概念来分析这些例子，因而没有仔细区分这些不同的例子，也没有系统地将这些小规模的参与实验与他在书中对南斯拉夫的工业组织中更大规模的参与讨论联系起来。他也忽略了工业参与中的一些重要内容，由此忽略了与参与实验所不同的其他参与形式。我们可以将参与实验中的参与形式称为“部分参与”，也有证据表明，“充分参与”是可能的。一个重要的差异是，在后一种参与中，工人团体自觉遵守纪律，企业的权威结构也发生了重要转变。而且，在后面的例子中我们可以看到，充分参与形式中的工人不仅对他们的工作在广泛领域可以实施充分的控制，而且他们的参与活动不是作为一种实验，而是他们日常工作中的重要部分。的确，他们的工作就是在这一基础上组织起来的。从不同的角度来看，这些例子又很有趣。如果民主的必要条件就是一个参与性社会，更主要是一个参与性的工业领域，那么问题就是如何将一个社会转变为参与性的社会。显然，上面谈到的参与活动的例子远没有达到参与民主理论所要求的标准。实际上，科尔对此问题提出了一个答案，他认为可以通过"侵蚀控制"的政策来实现社会转型。这一政策"不是允许工人和雇主联合起来实施对工作的共同控制，而是将特定的功能从雇主完全转移到工人手中"(Cole, 1920b, p.156)。这一转移的方式是通过订立集体合同。集体性的谈判将延伸到比目前更为广泛的领域，赋予工人新的权力。合同应该是由商店或企业中所有工人一起订立，根据合同，工人们集体地控制诸如雇佣和解雇、生产的进度、工头的选择等。工人们作为一个团体，共同遵守纪律，接受集体支付的工资，根据事先达成的分配方案再重新分配到个人。[20]工人们的这种具有相当可行性的安排和参与，在两个不同工业领域的例子中可以看到。

集体安排是英国煤矿工业的一个传统特征。杜尔翰煤矿中的现代组织形式在最近几年受到了集中和详细的关注，这项研究最初是由于在矿工中发现大量工人因心理紧张而导致的疾病所引起的。[21]在传统的工作方法下，矿工自己监管自己，直接负责生产活动，管理人员的角色主要是服务而不是监督。战后，一种叫做常规的持久性工作的组织形式出现，这一组织形式建立在大规模生产方式以及劳动分工的基础上。正是从这种工作组织形式中，调查者发现了有害的心理影响。尤其，这种方法意味着工作中的合作和控制只能来自于外部，由管理方提供，这表明在高风险的环境中强制是完全不适当的。[22]还存在另一种扎根于传统采矿方法中的工作组织形式，称为复合组织方法，这一方法涉及集体订立合同以及取消严格的劳动分工，工人们在一个团体中实行自我管理。这种方法可以被描述如下：

> 团体对煤矿作业面上的整个操作流程负全部的责任。团体中的每个成员都没有固定的工作角色，而是根据团体任务的要求自己部署工作。在有限的技术和安全要求范围内，矿工们自由地组织他们的操作方式来完成任务。在这个方面他们不受任何外部权威的指挥，在团体内部也没有哪一位成员承担正式的、直接的领导职责……一揽子的工资方案……是按照小组生产的每吨煤炭的谈判价格基础上制定的。

最后的收入在小组成员中平均分配(Herbst, 1962, p.4)。

在复合组织方法体系中,比在常规的持久性方法中具有更高的生产率,更加有利于形成“低成本、较高的工作满意度、良好的人际关系以及社会健康”(Trist et al., 1963, p.291)。在两年里面,由四五十名矿工组成的小组按照这种方法组织生产,到最后,按照研究者的观点,“矿工们在风险环境中适应变革的能力得到了提高,也提高了其成员需要的满足程度。”[23]

我们又一次看到,正是在这样一种集体合同中对决策过程的广泛参与活动所形成的心理影响才是重要的。如果矿工或煤矿业,在某种程度上可能属于比较例外的情况,那么在汽车工业中我们同样可看到这种参与形式的例子。在《决策和生产率》(Melman, 1958)一书中,西摩·梅尔曼(Seymour Melman)记述了1950年代早期在考文垂(Conventry)的标准汽车厂中存在的一种工作组织的团伙形式。尽管该厂中每个工人完成的任务与任何其他汽车厂工人完成的任务差不多,但工作组织形式完全不同,它是由类似于煤矿企业复合组织方法体系中的自我管理团体的组织来承担工作(这里我们称为“团伙制”)。1953年,在汽车厂中,工人们被划分为15个自我组建的团伙,在拖拉机厂中,3 000名工人属于同一个团伙,在团伙整体产量的基础上,工资按照工作任务加上奖金构成。在这种制度下,工人们“不仅是……完成生产任务的生产工人,也是他们自己所执行的生产决策的积极规划者”(Melman, 1958, p.92)。一位汽车工人将这种团伙制描述为“它提供了一种自然的保障,它创造了信心,平等地分配工资,工人毫无保留地运用他们的技能,将工作按照最适合工人的方式进行部署,而工作的部署是由工人们自己进行的”(Wright, 1961, p.50)。梅尔曼认为,在这种团伙制下,“按照通常的理解,工人们实际上是在没有监管的情况下进行高生产率的工作,工人们的工资在英国是最高的。在广泛机械化的工厂里生产出高质量、价格合理的产品,工厂事务的管理成本异乎寻常地低,工人们在生产活动的决策过程中具有重要的影响力”(Melman, 1958, p.5)。

梅尔曼没有具体分析团伙制下的心理影响,但是,根据煤矿业中的有关证据,以及煤矿业中集体自我管理方式类似于布劳纳所描述的化工厂中情况的事实,我们可以认为团伙制有利于我们所感兴趣的效能感和能力的发展。在汽车工业中的情况按照这种方式发生变化是非常重要的,因为我们已经看到在一种正统的权威结构中产生的是相反的心理效果。这两个例子表明，至少在日常的工作过程中，工业中的权威结构可以得到修正，工人们可以对他们的工作实施充分的控制，参与广泛的决策活动，而生产效率却没有任何下降。

最后，大量对工作场所中不同形式监管效果的实验中涉及参与活动的直接材料，这些可以被称为[按照伦西斯·利克特(Rensis Likert)的观点]新管理模式的理论。正是在这种背景下"参与"观念最近十分流行，尽管这里使用的参与形式根本就没有涉及决策活动，我们后面将这里的参与称为"假参与"。这些材料的真正价值，除了进一步证实前面的观点外，还在于它阐明了参与民主理论家们提出的关于参与的假设，以及在当代管理实践中的作用。

在 20 世纪 30 年代后期，在库尔特·卢因(Kurt Lewin)主持下进行了一系列著名的小团体实验。这些实验表明，"民主的"领导关系比"权威的"或"自由放任的"领导关系更富有效果。在"民主"形式中参与因素的心理影响产生了一种优越性，这种优越性提高了团体士气、团体成员对任务的满意度和兴趣等。[24]最近进行的关于领导风格的更多的实验依据早期的实验及对这些实验的分析，实验的结果在上文提到的布隆伯格(Blumberg, 1968, pp. 102—119)的书中可以看到。通常，人们对"紧密的"、"一般的"或"参与性的"领导风格进行比较。后一种风格似乎与"许多其他的特点如代表权威的倾向、很少向下属施加压力、允许雇员有活动自由等有关……在一般的领导风格下，工人们更自由地发挥他们的创造性，在有关他们的工作方面可以进行更多的决策，更自主地执行这些决策"(Blumberg, 1968, p. 103)。这种领导风格产生了一种类似于工作扩大或参与实验中的情形，对于效率的有利影响也是类似的。

参与活动的经历所提升的团体内部的和谐关系和合作关系，支持了参与民主理论认为参与具有整合性功能的观点。研究参与的文献中对这一结果的强调进一步支持了参与有助于接受决策的观点。小团体的实验给这一观点增加了有趣的佐证。在前文简单描述的参与实验中，这些实验的目的是寻找一种最好的方法以确保在工作过程中顺利引入变革。实际上，小团体实验的一种主要的假设是为了测试维巴所称的(Verba,

1961)“参与假设”,即“只有当被期望的人们能够参与决定应该发生什么样的变革以及如何变革,人类行为中的重要变革才能迅速来临”(Verba, 1961, p.206)。在讨论卢梭的理论时,我们曾经指出,人们发现通过参与过程形成的一个法则之所以被接受,部分原因在于它还是“非个人的”(它是个人“成为他自己的主人”)。在小团体的实验中,个人在决策过程中看到其他人服从政策,由此自己也对政策提出了一个“内化”的承诺。维巴引用了几个实验表明,这种决策的“非个人化”是使决策被接受的主要原因。[25]关于领导风格和小团体的实验也提供了参与民主理论的另一方面的一些证据,尽管并不是很充分。当代民主理论的倡导者认为特定的个性特征,如“权威主义”或“非民主的”性格,具有这种性格的个人积极参与政治生活被认为对于民主政治体系而言是危险的。另一方面,参与理论认为参与实验本身发展和培养了“民主的”个性,即民主政治体系的运行所必需的品质,所有的公民应当形成这种个性。布隆伯格(Blumberg, 1968)指出,早期的卢因实验揭示了“个性特征……属于应变量,将随着团体组织变成权威主义组织、民主组织或自由放任型组织而得到改变”(Blumberg, 1968, p.109)。另一项研究发现,参与性环境下在办事员职位上工作了一年的员工,他们个性中的“等级化倾向”逐渐下降,“自主性取向”得到更多的表达机会;“有数据表明,环境条件中的持续变化将影响到人们个性的明显变化。而且,个性变化似乎可以通过从个性变化朝向与环境形成平衡的角度来解释”(Tannenbaum, 1957)。或者,如布隆伯格指出,“从长期来看,一种参与结构……由于个性对环境的最终适应而变得更为有效。换一句话,允许参与活动的组织最终培养出对他们的参与活动负责的个人”(Blumberg, 1968, p.109)。

在将来,受到过去十年中发展起来的新管理理论的影响,似乎有可能在许多人的工作生活中引入一种参与的因素。传统管理理论来源于泰勒的科学管理理论,来源于如强调金字塔形的权威结构、命令链条和管理幅度等理论的林德尔·F.厄威克(Lyndall F. Urwick)等人的著作,而新的管理理论不像那些正统的管理理论,它来源于现代心理学理论如亚伯拉罕·马斯洛(Abraham Maslow)的理论,以及从著名的霍桑实验(Hawthorne experiments)中产生的人际关系理论。正是后者认为效率并不是主要取决于工作的、机械的或技术的方面，或者正确的组织结构，而是取决于工业领域中“人的因素”。正是霍桑实验演示了（或者至少如人们广泛地认为的那样）工作场所中人际关系和领导者的方法（风格）的突出作用。[26]当代理论家如道格拉斯·麦格雷戈（Douglas McGregor）和利克特，有时候也被称为新人际关系理论家，像他们的先辈一样，强调在企业中合适的人际关系“氛围”的重要性。麦格雷戈在《企业中人的一面》和利克特的《新管理模式》中的理论，建立在“参与型”风格的领导活动所具有的优越性的有关证据基础上。利克特（Likert，1961）提供了一个有趣的例子，是关于未来企业的管理结构中如何引入参与形式。他认为，为了提高效率，管理结构应当围绕工作团体为核心并在参与的基础上组建（或者根据“支持性关系”的原理建立）。这些团体通过其成员所具有的“重叠性的团体成员身份而与整个组织联系起来。一个团体中的领导者可能在另一个团体中属于下级，整个组织中的成员基本上都是如此”（Likert，1961，p. 105）。这就意味着“组织中不同层次的成员不应该从权力多少的角度来考虑，而是看作为合作型的或有机联系的规模不等的工作团体”[27]。如果这种组织形式有效发挥作用，必须存在从上至下的、平行的以及从下至上的组织沟通和信息流动。“信息的供给和分享是参与过程的一个基本要求”（Likert，1961，p. 243）。

布隆伯格谈到工作场所中参与活动的实证材料时，指出“整个文献中几乎没有一项研究表明，工作中的参与是否增加了，或者从工人决策权的真正提高中其他人们通常认为的有益结果是否增加了。这种研究发现的一致性，在社会研究中是十分匮乏的”（Blumberg，1968，p. 123）。这种情况是真的，发现一些还可以解释其他方面的材料确实很困难。部分地，这可能是由于涉及的影响因素太多。例如，参与确实对工作的满意感具有积极的影响，但是后者的提高并不一定导致另一个因素的提高，比如说工人与管理方的合作关系的提高，因而在任何一个案例中结果可能取决于人们的兴趣。[28]认为只有在单位或手工生产的条件下参与才能够进行的反对意见，肯定是不正确的。从汽车工业和煤矿业的研究中得到的证据也表明这种观点是错误的。证据也表明，危机情况下的参与也是无效的（参见 Blumberg，1968，p. 132）。不管这种情况是否真实，与我们的研究无关,我们感兴趣的是日常生活中、非危机情况下发生的工作场所中的参与活动。这里,所有的证据表明,参与不仅对个人政治效能感的发展产生有利的影响,它也不会损害企业的效率,反而会提高效率。

参与民主理论关于在非政府权威结构中参与活动在政治方面具有重要的心理影响,以及关于民主社会化过程中工业领域所具有的核心地位的主要观点,得到了大量实证材料的支持。而且,研究发现在基层工作中的参与是大多数工人所期望的。证据显示,在这一层次上引入参与是可行的,最近的许多管理理论也认为这种参与制度是管理一个企业最有效的方法。但是,如果在基层的工作中关于参与作用的情况是真实的,但是关于参与在更广泛的企业决策事务方面的研究却几乎没有,或者关于所有权威结构民主化问题的研究几乎没有。在进一步充分分析这一方面的证据以及澄清有关问题之前,有必要分析一下在工业领域所使用的"参与"的概念,以及有必要研究"参与"和"工业民主"之间的关系。

注　释

1. Milbrath, 1965, p. 59. 关于政治效能感的概括性总结,参见 Milbrath, pp. 56—60,以及可参见 Lane, 1959, pp. 147ff。

2. Almond and Verba, 1965, pp. 140ff.,以及书中的 Table Ⅺ.1 and Ⅺ.2。

3. Almond and Verba, 1965, pp. 357—358. 也可参见 Greenstein, 1965, p. 45,以及 Orren and Peterson, 1967。伊斯顿和丹尼斯的发现也可能受到文化因素的影响,他们自己都可能忽略了这一点。例如,可参见 Jaros et al., 1968。

4. 这是一个难以解释的观点。Easton and Dennis, 1967, p. 38,在人的生命早期将个人应当在政府意志的形成中具有发言权这一准则"内化"为观念,有助于抵消在后来生活中发现几乎不存在这样的机会而产生的沮丧。但似乎更可能它会产生相反的效果。

5. Almond and Verba, pp. 284ff., Table Ⅺ.4 and Ⅺ.5; Eston and Dennis, 1967; Greenstein, 1965, p. 90ff. 在英国对儿童抚养模式中阶级差异的分析可参见 Klein, 1965, Vol. Ⅱ。另一个重要因素是,在英国的中等学校,大多数学生是那些社会经济地位低下的孩子,通常采用"灌输式"的教育方法,几乎没有给学生任何参与决策的机会。这种类型的学校参见 Webb, 1962。有趣的是,在挪威,不同阶级之间政治效能水平的差异要小于在美国的情况,一种解释是认为两个国家有着不同的政党结构。在挪威,存在着"阶级多极化",因而社会经济地位较低的人们有大量的机会参与政治生活。参见 Rokkan and Campbell, 1960; and Alford, 1964。

6. Almond and Verba，1965，pp. 280—283，Table Ⅺ. 3 and pp. 294—297，Table Ⅺ. 6.

7. Almond and Verba，1965，pp. 297—299，Table Ⅺ. 7 and Ⅺ. 8. 这一发现不包括墨西哥的情况。

8. 亚当·斯密(Adam Smith)注意到了特定的工业过程对工人的影响。他写道:“在劳动分工的过程中,大多数人的雇佣活动通常被局限于一两种简单的工作过程。对大多数人的理解必然地要从他们日常的雇佣工作入手。整个生活就是从事一些简单的操作过程的工人,工作对他们的影响可能也是一样的……他们没有机会在解决工作中遇到的困难方面运用他们的理解或使用他们的发明。因此,他自然地丧失了这种运用能力,往往变得愚蠢和无知。人类有可能变得……(他没有能力)在许多关于私人生活的普通责任方面形成任何公正的判断。在关于其国家的重大和普遍利益方面,他也无力作出判断。”Smith，1880，Vol. II，pp. 365—366。

9. Blauner，1964，pp. Ⅷ，166. 类似的关于不同工作环境对政治态度的影响可参见 Lipsitz，1964。

10. Argyris，1957，1964. 当然,这一观点类似于罗伯特·K. 莫顿(Robert K. Merton)在他著名的《官僚结构与个性》文章中提出的论点。文中指出,随着官僚组织形式的普遍发展,“所有人都很清楚的是人们很大程度上受到他们与生产工具之间的关系的控制。这不再只是马克思主义的学说,而是为所有人都知道的一个事实。”莫顿认为,这导致了目标转移、胆怯、形式主义和没有人情味,等等。参见 Merton，1957。

11. 从参与民主理论的观点来看,这种工具性的态度可以被当作工人们没有处于一种参与性体系中工作的反映。参与性体系被认为将导致由于心理益处而从内在因素角度对工作的评价。从上述阿吉里斯的引用中表明,特定的工作环境能够导致工人们重新评价工作本身,类似关于工作环境导致对工作的工具性评价可参见 Chinoy，1955 和 Lipsitz，1964。在最近关于“沃克斯霍尔”工厂汽车工人研究的书中,我们看到一种对工作的工具性态度被运用于工作中,而不是在工作中形成。然而,工人日益增加的社会压力使他们对工作产生一种工具性的态度的观点与关于工作环境的论点相一致。作者并没有考虑汽车工厂中权威结构的影响,也没有提出任何证据证明当工人们在“沃克斯霍尔”工厂时他们对工作的态度是否发生了变化。Goldthorpe et al. ,1968。

12. Riesman，1956，1964. 也可参见 Mills，1963。

13. 参见 Boston，1968。自动化被引入工作中的速度通常被过分夸大了,例如可以参见布隆伯格的有关论述,Blumberg，1968，p. 55。

14. Holter，1965，p. 301，Table Ⅱ.

15. 参见布隆伯格的引用,Blumberg，1968，p. 115。

16. Goldthorpe et al.，1968，p. 11. 对这一奇特事实有着不同的解释。工作时候将出现大量的人的需要,包括那些纯粹活动和社会交往。让一个工人承认他不喜欢自己的工作而又不伤及他的自尊,是很困难的,他也很难“从自己的嘴里说出需要振作起来去寻找更加合适的工作”，Flanders et al.，1968，pp.120—121；也可参见 Blauner，1960。人们经常发现工人们作出这样的评论如“如果我不喜欢(工作)，我的处境将会变得很悲惨”。Zwieg，1961，p.77。斯蒂芬·茨威格(Stefan Zwieg)还提供了获得“工作满意”的另一种解释的例子，他讲道：“‘不幸福工人’综合症在过去是一个事实……但在现代组织良好的、运行通畅的工业体系中几乎很少存在了。”Zwieg，1961，p.79。阐释这些发现的关于工作满意感的一个有趣理论在弗雷德里克·赫茨伯格(Fredrick Hertzberg，1959，1968)的书中可以看到。

17．这一发现同样可以适用于苏联。参见 Hertzberg，1959，pp.164—165。关于流水线工人的论述可参见 Walker and Guest，1952，p.58，以及戈德索普等人的评论。Goldthorpe et al.，1968，p.23。

18．Guest，1962.史蒂芬斯(Stephens，1962)提供了几个不同的例子，也可参见 Blumberg，1968，pp.66—68，Friedman，1961，ch.4，以及 Walker，1962，pt.2，§4。

19．Coch and French，1948.参见 Blumberg，1968，pp.80—84。

20．参见 Cole，1920b，pp.154—157 and 1920a，p.198.

21．这项研究由塔维斯托克人际关系研究所(Tavistock Institute of Human Relations)进行，在研究中他们使用了一个自己发明的概念“社会—技术体系”。这一概念与我们目前的讨论之间关系是明显的。从这一观点出发，生产体系不仅是一个纯粹技术的过程，而是三个方面的变量的综合：技术的、经济的和社会心理方面的。工作组织的形式和它的社会、心理的特征被看作是独立于技术的变量，尽管可能是有限的。例如，可参见 Trist and Emery，1962。

22．Trist and Bamforth，1951 and Trist et al.，1963，p.289.

23．Trist et al.，1963，p.XIII.在印度的一家纺织企业中，工人们使用自我管理方法的一项实验也得到成功地进行。参见 Rice，1958。约翰·斯图亚特·密尔也提到了在他的时代在康涅希煤矿工人中出现的集体合同，谈到这种体系推动了“知识增长、独立性和道德水平的提升，这又改善了康涅希煤矿工人的远远超过一般劳动阶级的工作条件和他们的性格”。Mill，1965，Vol.4，ch.7，§5，p.769。

24．对这些实验有许多不同的记述。例如可参见 White and Lippit，1960。

25．Verba，1961，pp.173—175，也可参见 pp.227—228。

26．霍桑实验中的报告最近受到 A.凯里(A.Carey，1967)的仔细检视。在对霍桑实验的一些方法进行了严厉的批评后，他认为，“霍桑实验的局限明显使它无法支持任何一种普遍的结论。”布隆伯格在他的书中，有两章是重新解释霍桑实验的研究。但是在凯里的批评中，他几乎没有提到布隆伯格的有关解释，引用霍桑实验来支持关于参与的假设，就像支持其他理论假设一样，是缺乏有效说服力的。

27．Likert，1961，p.186.利克特强调，一个团体中的领导者——在另一个团体中是下属——有必要在另一个团体中参与决策，否则，因为他缺乏影响力，在他自己任领导者的团体中无法体现足够的权威，这一点通过参与环境的实验提出来。或者说，当这种情况无法实现时，“参与型”的领导风格反而会在员工中引起“不满”(Likert，p.113)。也可参见 Blumberg，1968，pp.116—117。

28．关于这一例子可参见 Lupton，1963，p.201。

第四章
工业领域的“参与”和“民主”

尽管学者们在研究管理活动时广泛地提到“参与”的概念，但是在许多场合，很少对这一概念进行具体分析，即使提出了有关的定义，也不是很确切。例如，麦格雷戈(McGregor, 1960, p.124)评论指出，“参与是人类关系研究领域出现的最容易被人们误解的一个概念”，他继续指出：参与

> 基本上是指在合适的条件下创造出人们影响与他们有关的决策的机会。影响的程度从几乎没有到大量参与……[参与]是一种特殊的委托活动，其中，下级在有关他自己的事务方面具有更大的控制力、享有更多的选择自由。“参与”一词通常指在上级所负责的事务中下级有着较高的影响力(McGregor, 1960, pp.126, 130)。

另一个典型的“参与”定义是：

> 参与就是雇员而不是管理者在影响他们的工作的管理决策中发挥积极作用的过程(Sawtell, 1968, p.1)。

第三种定义认为决策过程中的参与就是：

> 指所有在组织中下级由下至上的行使权力的过程，这一过程被他们自己和上级认为是合法的(Lammers, 1967, p.205)。

利克特属于那些没有对参与下定义的学者，但他和麦格雷戈提出了一个运用“参与”活动的连续统一体，或者说，一个从“少量参与”到“普遍参与”的连续统一体。在麦格雷戈的这一统一体中，“少量参与”是指下级对管理者的决策提出质疑，在连续统一体的另一端(即“大量参与”)，上级

与其他的替代人选差不多，因而雇员们可以在他们中间进行选择(McGregor，1960，pp.126—127)。利克特(Likert，1961)所提出的这一连续统一体覆盖了相当宽泛的领域：从“很少参与”——“雇员们很少能够获得信息，不管是关于目前的形势还是未来的发展”——到“下级和领导者形成一个整体，运用对团体最有效的方法来处理和解决问题”(Likert，1961，p.243)。

将广泛的权威形势包含在“参与”这一总的标题下，必然会掩盖了有关的问题，因为参与概念在处理涉及工业民主的问题(或者一般的管理问题)时几乎无所不能，必须对这一概念进行更为严格的分析。然而，有一个概念可以作为分析的起点，这一概念也具有一些有用的特点。J. R. P. 弗伦奇、J. 伊斯雷尔和 D. 阿斯(J. R. P. French，J. Israel and D. Aas，1960)认为，工业领域中的参与是指“在制定计划、政策或决定过程中双方或者多方互相影响。它限定于对那些有权做决策的人和接受委托的人产生影响的决策”。他们认为，这一概念排除了下列情形：个人 A 仅仅是参加团体的活动；个人 A 在影响到他的决策得到实施前被告知有关的消息；个人 A 出席一个会议但没有影响力(French，Israel and Aas，1960，p.3)。

这一界定表明，参与必须是一种在一些事情中的参与过程，这里是指决策活动中的参与(这是参与民主理论的定义)。在日常的语言中，我们在广义上使用“参与”这一术语，它涵盖了几乎任何一种最低程度上的交往得以发生的情况，通常意味着仅仅是个人在团体活动中的存在。在上面定义中，这种广义的理解被排除了。工业领域参与概念的关键之处是它在一定程度上修正了正统的权威结构，即在名义上决策是属于管理者的“特权”，工人没有影响力。这一点被许多研究管理的学者忽视了。上文提到的连续统一体及其有关定义中涉及的许多情形在弗伦奇、伊斯雷尔和阿斯的概念中被排除了。只要分析一下研究管理的学者对工作场所的参与感兴趣的原因，就可以理解他们为什么对不同的“参与”情况不加区分地使用。对于他们而言，参与不过是能够有助于取得企业所有目标的许多管理方法中的一种。正如我们所见到的，参与在提高效率方面是有效的，但是这些学者在使用“参与”一词时不仅仅是指一种决策方法，也包括了许多管理者使用的用于说服员工服从决策的方法。这种情况，实际上并没有在决策过程中发生参与活动，我们将仿照维巴的说法，称其为“假参与”。一个典型的例子是，领导者不是只告诉员工有关决定的内容，而是让他们提出对这一决定的质疑并进行讨论。实际上，许多所谓的在小团体中进行的“参与”实验就属于这种形式。如维巴指出的，人们关心的不是去创造（决策过程中）参与实际发生的情况，而是通过领导者（管理者）采纳特定的方法或风格来创造一种参与的氛围，“参与局限于成员如何支持领导者做出的决策，而领导者……既不是由团体成员选举产生的，也不需要对团体负责……团体领导者在自己的头脑中有着特定的目标，将团体成员的讨论只是作为促使成员们接受其目标的手段。”维巴进一步指出，尤其是在工业心理学中，“参与型的领导已经变成一种说服的技巧，而不是决策的方法。”[1]

在区分了假参与的情况后，我们现在可以对决策过程中的参与进行更为细致的分析。首先，应该指出，如果决策过程中的参与得以发生，必须满足一定的条件。即：员工必需拥有做出决策所必要的信息（见利克特在其书中第 65 页的引用）。当然，这在理论上是毫无疑问的，但在实践中，它意味着员工们必需获得比目前所得到的更多的信息。

我们曾作为分析起点的参与概念还远远不够。这一概念中，参与是一种“双方或多方在决策过程中互相施加影响”的过程。其中“影响”和“各方”这些词的使用需要进一步检视。在参与民主理论中，“政治平等”是指在决定政策结果方面的政治权力的平等，而这里的“权力”，哈罗德·D. 拉斯维尔和亚伯拉罕·卡普兰（Harold D. Laswell and Abraham Kaplan, 1950, p. 75）认为，是指“决策活动中的参与机会”。尽管“影响”和“权力”互相紧密地联系在一起，但两者还是有差异的。在我们所引用的概念中，人们通常使用“影响”一词。处于影响决策的地位，与处于（或者有权力）可以决定结果或作出决定的地位是不一样的。根据珀西·H. 帕特里奇（Percy H. Partridge, 1963）的定义，我们可以看到，“影响”是指个人 A 对个人 B 发生作用，但 B 的意志不服从于 A 的意志（Partridge, 1963, p. III）。也就是讲，A 对 B 在决定一项事情上具有影响力，但 B 对这件事情具有最终的决定权。“各方”在这里的使用（互相影响的“双方”或“多方”），意味着在双方之间存在着对立，这种情况在工业领域是比较普遍的，对立的双方主要是管理者和工人。而且，最终的决策权属于管理者，工人们如果可以参与的话，也只是影响决策。因为他们是处于永久的服从者（不平等）地位的“工人”，最后的决策的“特权”掌握在处于管理地位的上级手中。这种形式的参与我们可以称为“部分参与”。部分是因为，工人A没有决定政策结果的平等的权力，只能影响决策。这样，弗伦奇、伊斯雷尔和阿斯的定义可以修正为“部分参与是指双方或多方在决策过程中互相影响，但最终的决策权只在于其中的一方”[2]。

在上一章中我们分析的工作车间中有关参与的大多数例子都属于部分参与，或者称为基层管理活动中的参与。这种基层参与广泛地指那些与每天的工作活动的控制有关的管理决策，而高层决策是指整个企业的管理方面的决策、企业投资和销售方面的决策等。部分参与可以在所有的管理层次上进行。然而，前文所提到的两个参与活动的实证例子，揭示了低层次参与的第二种形式，即煤矿业和汽车业中集体合同的例子。这些工人团体事实上是在没有管理者领导下作为一个自我管理的团体而进行生产，他们对每天生产活动中的工作流程可以自己决定。在这种情况下（这种例子只能在基层发生）不存在具有不平等决策权的“双方”，而是一群平等的个人，他们可以自己决定工作如何分配、如何实施。这种情形的参与我们可以称为充分参与，即这种形式的参与是“决策整体中的每一个成员平等地享有决定政策结果的权力的过程”。如同部分参与一样，充分参与也可以在管理活动的所有层次上进行。[3]

在对部分参与和充分参与进行区分后，我们现在可以讨论工业领域的参与和民主之间的关系。就像“参与”一词在许多文献中十分随意地使用一样，“民主”概念的遭遇同样如此。这两个术语不仅互换使用，而且通常地，民主不是指一种特定的权威结构形式，而是指企业中存在的一种通过领导者或管理者运用的方法或风格创造出来的一种“风气”，民主通常被用于描绘一种假参与的情形，或者甚至仅仅指存在着一种友好的气氛。这一点已经在对早期卢因实验中使用“民主”一词的批评中指出，它假设民主将“在社会生活中自然地形成人与人之间的宽容的、慷慨的情感氛围”[4]。人们不断地宣称工业民主已经存在于大多数西方工业化国家中。这一观点最著名的表述可能是来自H. A. 克莱格（H. A. Clegg），研究工业问题的最著名的英国学者之一，在他的《工业民主的新方法》（H. A. Clegg, 1960）一书中谈到。从我们的观点来看，非常有趣的是，克莱格将他的观点建立在最近的有关政治民主的著作基础上，即那些当代民主理论的倡导者的著作基础上。然而，克莱格的观点认为，“在所有稳定的民主国家中，存在着一种可以与称为政治民主在工业领域的对应物的工业关系制度”（H. A. Clegg, 1960, p. 131），但这一观点明显不正确。他认为，最近的民主理论已经表明，民主的主要条件就是存在反对派（H. A. Clegg, 1960, p. 19）。在工业领域，反对派的角色由工会来扮演，而雇主（管理者）扮演了“政府”的角色。我们所反对的不是后一个比喻，而是整个工业领域中的权威关系与当代民主理论的比较是不正确的。正如几位评论者指出——这里我们用 G. 奥斯特加（G. Ostergaard）的话——在工业领域中，“统治者（管理者）永远处于掌权者地位，是自我雇佣的，除了向股东（或国家）负责以外不向任何人负责。”[5] 认为统治者永久地处于掌权者地位而完全不可替代的观点，这是一位多么让人难以理解的“民主”理论家！当然，在当代的民主理论中，民主的基本特征包括统治者是可以替代的、统治者有任期限制等。

如果工业领域中的权威结构真正类似于国家政治体系中的结构关系，那么，管理者必须是由每个企业中的所有员工来选举产生的，并且可以罢免，或者说，如果建立一种直接的民主体系，所有的员工就必须享有管理活动的决策权。这两种情况下，不管民主体系是代议民主还是直接民主，均意味着目前管理者永久处于掌权者的地位和工人们永久处于下级地位之间的差异，将必须被废除。在所有的工人可以做出决策的地方，管理者仅仅是具有管理能力的人群而已。一种工业民主体系意味着工人们享有更高层次的参与机会。另一方面，更高层次上的部分参与并不要求权威结构的民主化，因为工人们或工人代表有可能影响更高层次的决策，同时最终的决策权仍然保留在（永久的）管理者的手中，就像目前的集体谈判的情况。在工业领域中在多大范围上可以进行直接的民主活动，多少工人可以在民主化的体系中享有决策的机会，这些问题只有通过有关的实证材料的检验，才能够得到回答。

很清楚的是，在工业领域，“参与”和“民主”两个术语不可以互换使用,它们不是同义词。在权威结构没有民主化的条件下,不仅部分参与在所有的管理层次上是可能的,而且在一个完全非民主的权威结构中,较低层次上的充分参与也是可能的。这对于参与民主理论有着重要意义。参与民主理论意味着可以从参与活动中形成民主化即充分参与所必要的心理效应。另一方面,当代民主理论表明,在现有的工业权威结构中,“社会训练”是可能的。对参与活动中积聚形成的心理效应与不同的参与形式之间的关系的考察表明,参与民主理论需要一定的修正。可能从实证材料中发现的最明显的事实是,参与对个人具有非常明显的效果,即使最低程度的参与也是如此。研究表明,即使是参与的感觉,甚至是假参与活动,也可能对信心、工作满意度等产生有益的影响。[6]有理由认为,实际发生的参与将更为有效——如果只是因为假参与可以提高一定的期望(实际结果却是沮丧的)。正如布隆伯格(Blumberg, 1968, p.79)指出,就心理效果而言,实证材料表明,“关键的是……团体达成决定的能力和权力。”

低层次上的部分参与对于发展政治效能感是相当有利的。实际上,我们在前面第三章中所引用的对五个国家的政治态度的调查中已经看到这一点。阿尔蒙德和维巴的参与标准并没有得到仔细分析。当关于工作的决策做出时,工人们是否被咨询过,他们是否可以自由地对决策提出抗议,是否在实质上得到保护等。显然,这种“参与”最多也就是部分参与,但在这种参与和高度的政治效能感之间存在着积极的关联。由此看到,就政治效能感的发展而言,并不必然要求工业领域权威结构的民主化。因此,参与民主理论的这一方面不得不需要修正。

要求对参与民主理论进行全面的修正是错误的。至今为止,参与民主理论只有一个方面已经被分析——一个全国性民主政府的前提条件——并且只是从政治效能感发展的角度来分析。这里有两点必须指出:首先,我们还没有办法了解不同的参与形式的有效程度,取得最大的心理效果也许需要更高层次的参与。其次,尽管有证据表明政治效能感对于政治上积极的公民是必要的,但还不清楚它是否是充分条件。阿尔蒙德和维巴的研究揭示,实际上受影响者试图影响地方或全国性政府的活动并不比那些感到有能力这样做的人少(Almond and Verba, 1965, Tables Ⅵ.1 and Ⅵ.2)。我们可以回想一下,政治效能感的发展只是参与的教育功能的部分体现。密尔和卢梭强调人们的观点和利益的扩展，强调理解私人利益与公共利益之间的关系，认为参与的经历，更直接的意义上包括“教育”的功能，将有助于人们熟悉民主的程序和学会政治（民主）的技能。从这个意义上发挥教育的作用，更高层次的参与是必要的，因为只有这些层次上的参与才能提供给个人在工业领域的集体事务管理中的经历，才能使人了解企业中的决策与这些决策对更大范围的社会环境和政治环境的影响之间的关系。

关注工业领域中更高层次的参与还有另一个原因。埃克斯坦指出，工业领域的权威结构无法民主化，而出于稳定的考虑，政府内部的权威结构必须是一致的，必须包含“一定水平的、健康的权威主义成分”。但是，他认为，即使工业民主不可能实现，也可以通过引入更高层次上的参与，从民主的方向上来修正工业领域中的权威结构，从而实现工业民主，这样还可以减少全国性层次上的政府对非民主因素的需要。

在英国的工业中，有一些在更高层次上部分参与的实证例子，接下来我将进行讨论。有三个非常有趣的、详细记录的通常被称为工业民主的例子。我们将参与的心理效应问题放在一边，先来关注参与民主理论中的另一个问题：这些组织形式在实际中如何发生作用，工人们对参与的兴趣程度如何，在多大程度上利用参与所提供的机会。我们的第一个例子是格兰西金属公司，该公司有 5 000 名工人。[7]格兰西公司采纳的组织形式是标准的集体谈判的发展形式以及英国工业中普遍的联合协商机制。通过代表组织、通常的程序等格式化途径和延伸方法，部分参与已经得到制度化，正统的、等级制的管理结构已经不完整了。[8]雇员的参与建立在“管理者做出决策和发布指令的权威，与雇员参与制定须经过管理者同意且管理者可以自由地做出决定的政策框架之间的明确区分的基础上”(Jaques, 1968, p.1)。在格兰西金属公司的明文规章中，参与通过——“立法”制度——在公司每一个部门中选举产生的工人理事会制度而进行。理事会按照“工厂的等级制组织结构中每一层在理事会中都有代表”的原则构成(Jaques, 1951, p.139)。每个理事会由该部门的主要管理者、一位高级代表、两位中级职员、三位办事人员和其他人员，以及七位来自一线工人中的车间代表。理事会每月定期开会，任何一位成员可以提交一项议程（任何员工可以作为观察者出席会议）。理事会是制定政策的组织，其主要任务是起草政策文件和“安排工作秩序”。按照公司规章，劳资双方均同意，除非双方协商一致，否则任何政策变动都是不允许的(Jaques, 1968, p.2)。

理论上，理事会的权力范围十分广泛。理事会讨论的问题包括工资制度、裁员问题、工厂的关闭和夜班安排等，但实际上（包括上述这些问题），最高的决策不属于理事会的范围。在格兰西金属公司，“最高的决策权属于董事会和管理者。董事们有权决定资金使用，决定红利分配，任命管理人员，决定管理者的薪金，同意高层任命等，更不用说决定由谁‘接管’公司等问题了。”[9]除了引入选举产生的参与性的理事会以外，格兰西金属公司中另一项尝试是将管理者和工人的角色地位和双方的关系予以明确化和制度化。按照J.凯利(J. Kelly)的观点，1950年以前强调决策过程中的团体参与已经转变。[10]在这样一种制度尝试中好像存在着一种内在的冲突，雇员在所有的决策中可以参与，但同时这一制度将管理者和下级之间的权威关系明确化和制度化（按照公司的语言予以神化）。

在基尔马诺克工厂（唯一一个具有实证材料的例子），理事会遭到了许多质疑。1957年罢工以后，它被改名为“工人委员会”，公司的政策规章直到最近才被车间工人所接受。[11]这就说明了在委员会的会议上，普通工人的代表很少对企业的年度报告、财务甚至投资决策感兴趣。这些主题很少被讨论，除非工人的利益受到影响，大多数讨论的主题是在低层次上发生的事务。在凯利参加的一次会议上，工厂主席兼总经理的讲话占用了74%的会议时间(Kelly, 1968, pp.242—245)。这种较高层次上的部分参与的组织形式明显适合于英国的工业领域，它有可能让雇员参与所有的决策活动。在格兰西金属公司，尽管从管理者的角度来看，参与的一个主要功能是使公司规章赋予他们的决策权力合法化。在上一章讨论低层次上的参与活动的影响时，E.雅克(E. Jaques)的这一评论是符合人们期望的，“在格兰西金属公司中管理者的经历从整体上表明，相比其他公司中的情况，这一规章使管理者可以做出更多的决策和决策调整而不会受到代表们的反对”(Jaques, 1968, p.4)。

在英国，在高层次上进行部分参与的最大实验是约翰·路易斯合伙公司(John Lewis Partnership)（包括它的百货公司）的情况，关于该公司的研究已经出版，我们从该书中得到有关的材料。[12]尽管在该公司中，公司正统的权威结构进一步得到了修正，特别是在股份制结构方面，但代表组织更多地是作为有效的协商机制，而不是决策组织。

这一点在一份杂志中可以看到，“整个组织的最高目的是确保所有成员最公平地分享到所有权的好处——收益、知识和权力。”[13]目前，前两个目标比第三个目标得到了更大的满足。在约翰·路易斯合伙公司，所有的股份由一个托拉斯拥有，所有可分配的利润由合伙人（该公司雇员）所拥有。从分享收益的角度来讲，所有的合伙人都是平等的。这样，约翰·路易斯合伙公司一定程度上满足了参与民主理论家提出的参与所要求的经济平等的条件。然而，分配是根据股份的多少进行，因而在实际意义上，不存在向经济平等发展的趋势。这种分配突出了“流行的等级制的报酬结构”[14]。我们已经看到，拥有必要的信息是参与的必要条件，在约翰·路易斯合伙公司，“知识的分享”通过内部压力途径（公司鼓励写匿名信，并且得到回应）得到推进，每个部门每年召开一次向所有合伙人开放的一般会议。总部和部门的委员会也每年向合伙人公开商业账目。[15]

委员会是参与活动开展的主要组织，但是普通合伙人在其中代表性不够，他们的参与仅仅是潜在的而不是实际上的。总部委员会具有一定的权力，如果需要的话甚至可以反对主席和董事会。它可以任命三位大会章程理事，他们也就成为公司董事，它还可以任命五位其他的公司董事。总部委员会日常的主要活动是管理福利基金，但它有权“讨论任何事务，可以向董事会或主席提出它所认为合适的建议”[16]。然而，委员会不可以详细地讨论政策，因而尽管理论上它具有广泛的权力，但实际上它的参与性影响是十分有限的（Flanders et al., 1968, p. 177）。总部委员会有140名成员，四分之三由选举产生，其余是由主席任命的所有高级管理者成员。选举产生的委员会成员的候选人来自各个层次的合伙人，但是那些常任委员和当选委员更有可能来自管理职位，而不是普通工人。从1957—1958年到1966—1967年，来自管理职位的成员的比例从61%增加到70%（加上20%到24%的当然成员），普通的合伙人从8%增加到19%。[17]在承担大部分工作的小组委员会中，高级管理者成员的比例更高。

模仿总部委员会建立的下属部门委员会中，普通合伙人的代表性更加充分,普通成员的比例大约达到了一半(小组委员会平均 35 名成员,约 15%为当然成员)。除了管理自己的福利基金以外,小组委员会也向总部委员会提出有关的议案,如果被采纳的话,这些议案就成为向管理方提交的建议案。从 1955 年到 1964 年,每年有 6 到 7 项建议案被提交,其中有三分之一得到采纳,尽管不是所有的建议案均得到实施。[18]有一个小组委员会,第一次否决了一项重要的管理建议案(关于 5 天工作时间的建议)。在前面关于这一问题的讨论中,按照该研究作者的观点,"决策过程本身基本上就是标准的管理者决策的过程,管理者按照有可能被服从的思路来制定政策方案"。[19]这项政策反对意见居然被公司主席接受了——尽管必须指出的是,这项反对意见中没有涉及重要的生产问题——但这一事件表明,在未来,合伙人是否可以更多地行使他们的参与性权力,有待观察。

代表性制度中涉及的参与兴趣程度和有关的知识,都是相当少的。[20]该项研究的作者发现,在全职的普通合伙人中,那些最感兴趣的是具有五年左右工作经历的人,但即使在这一群体中,在更高层次上的参与兴趣却降低了。[21]约翰·路易斯合伙公司中代表性组织结构本身一定程度上解释了人们兴趣缺乏的原因。实际上,许多合伙人在低层次上显示出了兴趣,这证实了前面引用的有关观点,但参与制度的范围并没有涵盖许多低层次的事务,一般研究发现大约三分之二受调查者"在约翰·路易斯合伙公司的民主制度体系中没有显示出明显的兴趣"(Flanders et al., 1968, p. 127)。

我们的第三个例子是斯各特·巴德联合公司,位于东北部沃勒斯顿的一家塑料树脂制造公司,该公司雇用了 350 名工人。[22]该公司比我们谈到的另外两家在高层次上实行部分参与的公司,在正统的工业权威结构中进行了更为深入的变革。1951 年,在公司的建立者恩斯特·巴德(Ernest Bader)的领导下,该公司按照参与的思路进行了仔细的重组,1963 年公司的组织制度进一步调整,参与的机会也得到增加。斯各特·巴德有限公司的所有股份为一个叫做斯各特·巴德联合公司(公司在卖出其收益以后就变成了慈善组织)的慈善组织集体拥有。经过一段过渡期后,所有的雇员都被允许成为斯各特·巴德联合公司的成员。[23]

斯各特·巴德联合公司的组织结构相当复杂。公司的主要"立法"机构是公司大会,一般每季度举行一次,斯各特·巴德联合公司的每一位成员均享有投票权。公司大会的权力包括同意、修改或反对公司的经营活动,有权力批准任何一万英镑以上的投资项目,有权批准由公司的公共委员会和董事会提出的普通股利润(收益)的分配方案。[24]公司的公共委员会是主要的"执行"机构,由 12 名成员组成,其中 9 名为选举产生,2 名由董事会指定,另一名由公共委员会提名,董事会批准,代表地方社区。公共委员会除了有权批准普通股收益的分配方案以外,其权力也涉及福利设施、制定关于公司成员的规则以及个人求职方面的事务。公共委员会的一个比较新颖的特点是它的代表小组。代表小组的 12 名成员从公司所有员工中随机选出,他们可以决定"公司中的气氛和环境对董事会的信任投票是否有利"[25]。

在分析这一组织结构内部的具体运行之前,值得一提的是,斯各特·巴德联合公司的例子饶有趣味地揭示了现代社会中的经济平等是如何实现的。斯各特·巴德联合公司中雇员中间的地位差异很大程度上减少了。首先,公司所有成员的平等地位体现在公司大会上每人均享有投票的权力。其次,所有的雇员均享有高度的工作保障,行为不端和缺乏能力是被解雇的唯一的理由(在所有的解雇情况中均可以启动申诉机制)。第三,所有的雇员领取薪水并获得最低工资的保证,当然也有最高工资的限制,公司章程规定最高工资和最低工资之间的比率不得超过 7∶1。相比其他更为正统的权威结构,该公司的员工可以有更多的机会了解公司的事务。公司管理者对于在公司内部报纸上提出的问题必须予以答复,公司大会上提出的问题也必须予以回复。公司章程进一步规定,公司的员工有权检查公司账目,有权通过自己与管理者的交流或通过代表来获得公司的有关信息。[26]

斯各特·巴德联合公司内部存在几种参与的渠道。但是,公司的章程具有明显的"制约"机制,直到目前,公司中实际的参与活动还是十分有限。可惜的是,在唯一的对该公司的全面研究中,F. H. 布卢姆(F. H. Blum, 1968)很少提到斯各特·巴德联合公司每天的活动。[27]然而,很清楚,在约翰·路易斯合伙公司,普通工人的兴趣水平和参与程度是较低的。布卢姆谈道,"不同团体的参与程度存在着较大差异……毫无疑问,工人们的参与活动要少于其他团体"(Blum, 1968, p.329)。总体上,所有雇员中由于拥有一定职位而作为代表进行参与的比例很小，这是因为，从1951年到1963年，公共委员会中的34名成员的“大多数”连续当选第二任期或更长任期，其中只有10名来自普通工人。[28]研究发现，按照参与活动的标准，如在公司大会上的发言、从代表那里获得有关信息、参加选举和通过参与机构提出建议，管理者、技术人员、初级管理者和职员中的五分之一属于“高度”或“中度”参与者，而所有的工厂工人属于“低度”或非参与者(Blum, 1968, p.374)。大多数布卢姆所质疑的“斯各特·巴德联合公司的优势”，尤其是工厂的工人们所担心的事情中，最重要的还是公司是否提供工作保障(包括六个月的病假)，尽管“参与”是第二个最频繁被谈到的话题。最后，在关于公共委员会权力的了解方面，26%的被调查者表示有“相当的了解”，36%的被调查者表示有“一些了解”，38%则“很少了解或不知道”(Blum, 1968, p.375, also p.99)。

表面上，上述三个例子中的证据似乎表明，期望普通工人利用更高层次的部分参与机会，是过于乐观了一些。可以认为，当代民主理论建立在政治冷漠这一事实的基础上，是正确的。然而，有关的证据也可以从不同的角度解释。在斯各特·巴德联合公司中，就像在约翰·路易斯合伙公司一样，在企业的低层次领域很少有参与的机会，但我们所有的调查证据发现普通工人对这一层次的参与较有兴趣。[29]有观点认为，缺乏这种人们感兴趣的领域的参与机会将导致更高层次的参与机会远离普通的工人们，因为在他们的每天工作中缺乏为更高层次上进行参与的准备。重要的是，在斯各特·巴德联合公司不同层次上工作的雇员的态度差异很大，这一点在对公司董事会和创始人股股东的调查中看到。在1963年前，公司创始人具有特定的权利，拥有10%的股份。在1957年，恩斯特·巴德提议将这些股份转让给公司。有关的团体建立起来以讨论这一建议，最后讨论的报告认为，如果选举董事的权力也属于公司，那么这一提议是可以接受的。恩斯特·巴德拒绝了这一报告。1959年，布卢姆分析了这两个方面。大多数管理者和实验室里的工人持赞成态度，大多数工厂工人反对股份转让或选举董事，或者态度不明确。“我们究竟应该做什么，我们不知道谁能够进入董事会，只有高层才知道”，以及“不，创始人的股份不应该进入公司，毕竟是他建立了公司，他的钱是第一位的”，这些评论是后者典型的言论(Blum, 1968, pp. 146—152)。这一点上的态度差异支持了科尔的观点,即大多数普通工人所受到的是"服从的训练"。也就是说,即使在更高层次上的机会向普通工人开放的情况下,这些已经通过社会化而进入了现存的工业权威结构,在每天低层次的工作岗位上缺乏参与机会的工人,通常不可能接受诸如董事会必须经过选举这样的观念,对于更高地位的工人也一样。[30]

我们现在可以从参与民主理论的角度,从参与民主的教育功能或社会化的角度,简单概括一下在工业领域中有关参与活动的实证研究的结果。唯一需要修正的是关于政治效能感发展的问题,低层次的参与对于政治效能感的发展也许足够了。如果转向参与所具有的更为广泛的教育功能,更高层次的部分参与的制度将遇到更少的实际障碍,显然它与经济效率是一致的。这样,埃克斯坦关于全国性政府需要"权威主义"因素的"一致性"的观点至少在这方面需要修正。不幸的是,由于这一孤立的性质以及上述三个例子中更高层次上部分参与的独特性,很难得出有说服力的一般结论。尤其是,在得到结合了低层次的参与活动和高层次的参与活动的制度运行的有关信息之前,我们不可能希望得到如普通工人多大程度上对参与感兴趣以及他们如何利用参与机会等重要问题的答案。

现在可以转向参与民主理论的第二个方面,即工业和其他领域按照它们自己的方式构成政治体系并且由此民主化。再一次,在关于参与性的社会如何可能的问题上,工业领域占据了关键性的位置。工业以及工业领域中上级与下级之间的关系,是所有普通人互相交往领域中最富有"政治性"的领域,工业领域中的决策对普通人的生活具有重大的影响。而且,工业的重要性体现为企业的规模可以允许个人直接参与决策,在更高层次上充分地参与决策。[31]正如前文已经指出的,证据显示工业领域中的权威结构要进行民主化是不可能的,那么,参与民主理论就需要进行实质性地修正。

注 释

1. Verba, 1961, pp. 220—221. 史蒂芬斯(Stephens, 1961)认为引入工作扩大理论的一个原因是使员工们感到好像他们正在参与。也可以参见贝尔对人际关系管理学派的评论，“企业的目的还是不变，但使用的方法已经改变，旧的明显强制的方法已经被心理上的说服方法所取代”，Bell，1960，p. 244。

2. 实际上，在任何一种特定的情况下，很难区分在假参与的活动中，真实的影响是不是已经发生。但理论上的区分很清楚。重要的是，当“影响”已经发生而根本就不存在参与时，部分参与和“影响”情况必须互相区分开来。这就是弗雷德里克(Friedrich)的“预期反应的法则”的一个应用。工业领域中的一个例子是，企业的管理者制定了一套包括各种方案的表格，其中一个方案是最终的决策方案，但某种在理论上可能的方案——比如削减工资——不可能包括在表格中，因为遇到工会的抵制。在这里，工会影响到了最终的决策，但工会并没有参与决策。

3. 这里使用的“参与”概念不同于许多学者的用法，这些学者只是将参与看作包括双方在内的共同进行决策的情况，而不是只包括一方在内的单边决策的过程。例如，可参见 Sawtell，1968，pp. 3，28。一种类似的观点被一位今天的工业民主和工人管理的提倡者所持有，正如下面这一段(相当极端)所揭示的，“参与和一系列试图‘阻止’工人阶级日益增长的对管理活动要求的低劣的方法和手段有着最为紧密的和最为可怕的联系”，Coates，1968，p. 228。这一观点反映了这一事实，即“参与”频繁地被用于只不过是一种假参与的情形，的确表明了在大多数关于工业民主和参与的讨论中这一概念的模糊性。它忽略了一个事实，即“控制”和“参与”不应混淆，可以存在没有参与的控制，不管参与的程度如何。我们没有理由将“参与”限定为只存在双方的这样一种情形，因为，正如我们下文所讨论的，按照目前的理解，工业民主可以存在于不再有“各方”的情形。

4. Kariel，1956，p. 288. 很重要的是，最初的实验是针对一群十岁的儿童进行的。实质上，所有的民主领导风格，就是将儿童们置于一个以“儿童为中心”的环境中，这一环境在当代的学校中可以看到，老师们都接受了现代的教学方法和教育心理。

5. Ostergaard，1961，p. 44.

6. 在精神卫生领域，人们看到参与技术经常被用于治疗精神疾病，或许是同样的道理。关于这些情况的最激进的一个实验可参见 Sugarman，1968。布隆伯格(1968)也提到在美国的监狱中进行过自我管理的实验(pp. 135—138)。

7. 这些工人在几个不同地区的分厂工作。有关的组织理论参见Jaques，1951以及 Jaques，1968；Brown，1960。对基尔马诺克工厂的实证研究参见 Kelly，1968。

8. 前面已经提到，集体谈判使工人们可以部分地参与一些管理决策。可以看到，工会的参与不同于参与实验中单个工人的参与，但在两种情况下最终的决策权均属于管理者的“特权”；最后，管理者有权决定是否关闭厂(即管理者在工人接受有关协议前不让工人返回工厂的一种行动。——译者注)或完全关闭企业。又如 B. 拉塞尔(B. Russel)的评论指出，“工业家的权力……在于，从最后的手段来讲，可以要求关闭厂的权力，也就是这样一个事实，工厂的所有者可以要求国家的力量来阻止未被允许的人进入工厂”，Russel，1938，p. 124。格兰西实验的例子是很有趣的，因为目前进行的集体谈判只是在基层事务方面，这种权力向上延伸通常受到管理者的抵制，被认为是对他们“特权”的非法侵犯。这种“特权”观念通常来自于私人财产的所有权从“人的本质”角度为“特权”进行辩护，可参见O'Donnell，1952。最近，管理者“特权”的整个观念受到了理论上的批评，它的所谓的合法基础也遭到了质疑。参见 Chamberlain，1958，ch.12 以及 1963，Young，1963，Chandler，1964。

9. Kelly，1968，p.248. 也可参见 Jaques，1968，p.2。

10. Kelly，1968，p.26. 这涉及一种内部的“角色语言”和使用计划会议形式，正如这些名称所反映的，它们主要关注管理命令的签署(以及雇员测评)。“给人的印象是，在公司中好像使用得最多的一个词是‘服从’”(Kelly，p.278. 也可参见 pp.251，232)。

11. Kelly，1968，p.241. 该工厂的文化背景完全不同于位于伦敦的格兰西金属公司，但后者缺少相关的信息。参见 pp.97—100。

12. Flander，Pomerranz and Woodward，1968. 书中对该合伙公司的历史进行了简单的介绍。

13. 参见 A.法兰德斯(A. Franders)等的引用(Flanders et al.，1968，p.42)。

14. Flanders et al.，p.185. 工人们对收益分配方案的态度，其中一些人同意再分配的方案，参见 pp.102—106。

15. Flanders et al.，pp.76，42. 关于工资方面还是保密的，这也成为许多合伙人不满的原因。有许多联络委员会，但只是普通工人的组织。这些委员会主要是发泄抱怨的组织，没有资金和执行权，它们本身无法采取任何有效的行动，因而与参与的特点几乎没有关系(p.50)。

16. Flanders et al.，1968，p.64. 它的提名权力等，参见 pp.64—65。

17. Flanders et al.，1968，p.60，Table 5.22%的男性成员和 25%的女性成员在该公司中具有特殊的地位。

18. p.72.这些议案包括改变健康保险和抚恤金的规则。总部委员会中的建议案很少是来自小组委员会或个人成员。参见 p.68，Table Ⅱ。

19. Flanders et al.，1968，p.176. 正如作者指出，委员会中的中层管理者成员很难反对公司官方的政策(p.174)。

20. 在多大程度上这有助于解释参与机会的相对缺乏，以及代表性组织表面上作为假参与机制这一事实多大程度上解释了兴趣的缺乏，这些都很难讲。然而，重要的是，大约三分之二的雇员都是妇女，因为所有的社会参与和政治参与的实证调查显示，妇女比男人的参与愿望要低。参见 Milbrath，1965，pp.135—136。

21. Flanders et al.，1968，pp.86，114—116，Table 25，26. 在对她们看到这一制度被放弃时是否感到可惜进行的调查时，较高比例的妇女的回答是“不知道”。

22. 这家公司也是最近出版的一项研究的对象，Blum，1968。其他的有关信息可参见 Hadley，1965，Exley，1968，以及斯各特·巴德有限公司的出版物。

23. 1961 年，在 266 名雇员中有 143 人为该慈善组织成员。Blum，1968，p.98. 布卢姆认为，大多数非成员还不具备资格，因为还没有满两年的准备期（现在变成了一年）。

24. 公司的结构表格可参见 Blum，1968，p.157。从 1965 年以来，公司的公共委员会提出公司利润的“奖金”部分的分配方案，董事会决定分配的数额。公司的章程规定，公司的利润必须 60%用于再投资，20%用于慈善事业，20%用于雇员的奖励。近年来，公司用于奖励的部分在 5%—10%，Blum，1968，pp.153，212。

25. Blum，1968，p.154. 如果经过一套复杂的程序后答案是“不”，对采取何种行动的最终决策，就必然落到董事们身上。董事的主要职能是“维护”公司的章程。董事会中有 2 名是选举产生的。参见 Blum，pp.155 ff.，164—165。另一个部分成员由选举产生的机构是标准委员会，为最终的上诉机构，主要活动在于维护公司纪律。

26. Blum，1968，pp.84—85 and Hadley，1965. 上下班记录的制度被废除。这些相当激进的措施，或者参与性的结构，并没有影响经济生产的表现。从 1951 年以来，公司每年的产量不断提高，至今为止增加了 10 倍，产值达到 400 万英镑。

27. 有关该公司的一项实证调查已经进行，但布卢姆对此仅仅一掠而过。他的书主要关心构成这些组织形式的基本原则，但是这一分析，很大程度上运用了宗教——行而上学的方法进行表达，因而并不清晰。

28. Blum，1968，p.96. 三年的任期本身就限制了参与者的数目。

29. 在斯各特·巴德联合公司的章程中，具有针对部门委员会的条款规定，这些部门委员会建立于 1951 年，但从来没有正常运行过。最近一段时间，对部门委员会的兴趣开始重新恢复，或许在将来，在较低层次上的参与机会将增加。参见 Hadley，1965。

30. 当分析态度等因素时，斯各特·巴德联合公司的例子中存在的家长制因素也必须得到考虑。1963 年，在创始人股份被转让的事件中，公司创始人的权利也随之被取消，9 名董事中只有 2 名是由公司选举产生的（候选人的名单由董事会批准）。5 名其他成员由公司主席提名，董事会批准，2 名巴德家族的成员为终身董事。

31. 巴克拉克的观点“如果私人组织，至少是私人组织中更有力的组织，被认为是具有政治性——根据这些组织定期权威性地配置社会价值来界定——那么，从权力平等的民主原则角度来看，在这些组织内部的决策活动中扩大参与，是具有相当说服力的”（Bachrach，1967，p.96）。

第五章
南斯拉夫工人的“自我管理”

研究已经表明，在较低的管理层次上，普通工人中存在着广泛的参与要求，但这并不导致更高层次上对决策活动的参与要求，正如上一章引用的实证材料所揭示的。第三章提到在挪威进行的调查中，H. 霍尔特(H. Holter)发现只有16%的蓝领工人和11%的白领工人希望他们在整个公司的管理活动中有更多的参与决策的权力。[1]在最近一项对沃克斯霍尔汽车工厂工人的研究中，一个类似的问题没有被问，但是工人们被问及他们是否认为工会只关心工资和工作条件，或者他们是否应该努力“使工人们在管理活动中享有发言权”。40%的被问者(其中61%是手工工人)认为他们持肯定意见，但大多数人的态度体现为如下的回答中，“在一个类似此处的普通人认为他能够管理，但是管理属于那些有管理能力的受教育者。”[2]大多数手工工人希望工会承担更大角色的事实，以及在霍尔特的调查中渴望更高层次上参与的那些人是“负责任的、有信心和有技能的”的事实，从政治效能感的发展角度来看是相当重要的。它进一步支持了上一章中的假设，对于许多低层次上的工人而言，这些观念是没有意义的。正如霍尔特指出的，“总体上，等级制的气氛，以及一位操作工人或小职员内在的视野局限，倾向于大大减少将他们自己看作是管理活动中参与者的雇员数量”(Holter, 1965, p. 305)。从这一层次上工人们明显缺乏参与的要求，很难直接推断出工业领域民主的实际可能性有多少。

在进一步实证分析前有必要澄清一些观点，澄清为什么工业领域中的权威结构不可能进行民主化的观点，这一任务出人意料地困难。埃克斯坦(Eckstein, 1966)回答并不是很清楚,“一些社会关系不可能通过民主的方式进行,如果通过民主的方式就会产生最为严重的不良后果……我们有充分的理由认为经济组织不可能按照纯粹民主的方式运行,如果这样就会产生并不希望的后果”(Eckstein, 1966, p. 237)。他继续指出,我们最希望的是某种“假”民主或民主的“模仿”,但是他举出的唯一的——相当不寻常的——例子是特定的经济组织可能招致不利的影响,“玩弄民主游戏”,通过允许“适当偏离复式簿记账目的逻辑来推行特定的民主实践”。除了这一段奇怪的分析外,埃克斯坦没有提供其他的证据支持他的观点,也没有提示这些不良的后果是什么。[3]假定,埃克斯坦所考虑的是经济结果,即民主化的体系将无法有效运行,甚至会解体。另一方面,对于他的观点有着不同的解释。也许有人会认为(前文引用的证据)没有足够的工人对于这一体系的可行性感兴趣,或者参与这一体系。或者(如米歇尔斯)真正的民主化是不可能的,因为实际上,一个选举产生的、非专业的、兼职的组织不可能充分控制全职的专家们,后者发挥着真正的管理作用。但是埃克斯坦并不关注这种可能性,他只关心自己的例子,也不进行争辩。这种关于权威结构民主化不可能的观点,是当代民主理论的规范性质的另一面。由于我们已经生活在一个民主体系中,因此我们具备了以现有的非政府权威结构形式出现的正确的“前提条件”,任何试图对这些权威结构进行民主化的尝试将威胁到民主体系的稳定。然而,我们在下文的讨论中仔细分析这一断言,剖析关于埃克斯坦观点的几种解释。

在英国和美国,很奇怪地很少有企业是按照民主的方式(或者说,如果有的话也是很少有文字记述的)组织起来的。在英国,有一个例子几乎完全对应于我们所指的高层次(直接)充分参与的模式。不幸的是,在格拉斯哥的罗文工程有限公司,其规模很小,有 20 名雇员,工人们是自我选择的,但是这一例子非常适合于我们的分析。[4]工厂的管理机构是总委员会,在工厂工作满三个月以上均有资格成为其成员,每个成员有一票的权力。委员会每两周召开一次会议,会议议程在会议前两天公布,任何一名员工均有权提出建议(如果有必要也可以在休会时召开特别会议,但特别会议的决定只能在下一次委员会会议上批准)。委员会每一位成员主持两届会议，这意味着每个人在这些场合至少在口头上参与会议的活动(Derrick and Phipps, 1969, p.105)。总委员会决定所有的政策问题和其他重要事务。它也有权选举董事、工厂经理、工头和"协调人"(副监工)。在每一次会议上，委员会收到公司的生产报告、销售报告、财务报告等。[5]工厂中还有一个专门处理人事问题的劳工小组委员会，但它不做决策，只是向委员会提出建议。

M.贾维(M.Jarvie, 1968, p.20)曾经出席过一次工厂总委员会的会议，会议表明，前文提到的与"不可能性"主题有关的问题如何在最小的组织中出现。在这次会议上，一位来自生产线部门的成员建议，由于一些产品被退回，应该停止生产某种类型的暖气机。但是，受过专业训练的销售工程师否认设计存在问题，并提交了一份技术报告予以证明。这份报告受到了有力的挑战，最后大会同意对设计问题进行调查。一个人也许会怀疑，在一个劳工力量有着更大代表性的工厂中，这种"专家"的报告是否会受到仔细的检查。这种"专家"受到普通(管理者)工人控制的问题将在后文讨论南斯拉夫工业制度时将更充分地进行讨论。南斯拉夫，因为这个国家的工人实行自我管理制度，提供了引入大规模工业民主的唯一例子，在国家的整个经济体系中不同规模和类型的企业均实行了这一制度。

任何关于工业领域的参与和民主的讨论都无法忽视南斯拉夫的制度。它也是非常有趣的，因为从整体上看，南斯拉夫的社会政治和工业组织形式，从许多角度(至少从形式上)来看，非常类似于科尔关于参与性社会的描述。然而，我们在这里只关注南斯拉夫的工业制度，来分析工人管理制度中所体现的工业权威结构民主化的可能性。当然，在这里的分析存在许多困难：首先，一些必要的资料缺乏的问题。尽管英语世界对南斯拉夫工业组织的研究和评论越来越多，但是这并不意味着这些材料在数量和范围方面是充分的。其次，南斯拉夫国内形势本身存在着许多复杂性。南斯拉夫是一个相对落后的国家，国内的许多共和国发展也存在较大差异。[6]许多工厂的工人仍然部分时间从事农业劳动(大部分土地是属于私人的)，许多劳动力是属于第一代的产业工人，文化水平较低。[7]即使在1953年，人口中10岁以上的人口文盲率是25.4%(妇女为35.8%)，因此，在评价南斯拉夫工人自治管理制度的运行时必须考虑到这些事实。[8]

当然，即使与其他东欧国家有显著不同，南斯拉夫还是一个共产主义国家，共产党的作用必须要考虑。最后，工人自治制度本身，也是最近才发展起来的。1948年在与苏联关系破裂后，1950年工人自治制度被引入，但直到1953年新的制度改革和新的经济改革开始后才得到正式运行。从此以后，关于工人自治制度的组织形式和法律规定几乎不断地被修改和改变，这也增加了对此评价的困难。

首先，让我们分析一下南斯拉夫的工业组织结构。在南斯拉夫，每一个工业企业是由一个选举产生的工人委员会管理的，工人委员会由整个企业中各个选举单位集体（即所有的工人）选举产生。根据法律规定，所有超过7个人以上的企业必须建立工人委员会，但是如果企业人数不足30人的，由所有的工人组成委员会。在更大的企业中，工人委员会的规模从15名到120名，平均为20到22名。[9]大企业，如果需要的话，可以选举部门委员会。1961年以后，一种在南斯拉夫称为“经济单位”的制度开始建立。每个企业被分成小的生产单位，生产单位实行自治管理。这些单位的组织活动由企业负责。一项研究表明，单位的管理权“在整个企业工人大会手中”，但在雷德·康卡工厂（南斯拉夫最大的电器设备生产企业），每个单位有自己的工人委员会。[10]除了工人委员会和经济单位以外，工人们可以通过整个企业的集体大会和通过对企业重要问题的全体投票来参与决策。

工人委员会的任期为两年（成员可以由选举者罢免），每月定期召开会议。工人委员会内部有小组委员会处理特定事务。从1957年开始，小组委员会还负责处理内部纪律问题以及雇佣和解雇问题。小组委员会的成员不一定全部来自工人委员会。[11]工人委员会从它自己的成员中（但不一定是全部）选举产生执行机构，通常是管理委员会。管理委员会人数从3名到17名（工厂厂长为当然成员），任期为一年，如果一名成员连续两次当选，则任期结束后两年内不得参选。[12]管理委员会每周举行几次会议，主要的功能包括监督厂长的工作、保障企业计划的实现、起草企业年度计划。其他法律规定的“管理组织”，除了工人委员会和管理委员会以外，是企业的厂长。从1964年以来，厂长职位候选人（通过广告宣传）的最终选择权在工人委员会手中，厂长的任期为四年。[13]厂长，以及由各个部门的负责人组成的“委员会”，一起负责企业管理活动、企业每天的运行以及执行工人委员会的决定。厂长还有其他法定的权力，如以企业的名义签署合同、代表企业与外部组织交往，保证企业在法律的范围内活动等。

在分析工人自治管理制度的运行前，有必要简单看一下南斯拉夫工人自治管理制度的经济表现，以搞清楚是否经济活动的“错误运行”导致自治管理制度“不可能”坚持下去(尽管经济上的失败无法归因于这一制度，但是还是有许多困难分析其原因)。到 1964 年，南斯拉夫的人均年收入几乎是战前的四倍，到 1967 年的十年间，产值每年平均增加 8%，从战后以来，增长率“几乎不比日本差多少”[14]。这些数据是可信的，但不直接表明成功。1965 年的重大经济改革部分是由于通货膨胀问题和国际收支问题引起的。另一个因素是技术现代化的需要和摆脱低效率的投资。一位学者将 1960 年代早期的过度投资看作是“工人自治管理的证明”[15]。但是，正如这些流行的名词所反映的，所谓的“政治工厂”是政治的产物，而不是工人委员会理性计算的结果。一个问题是工人委员会制度在多大程度上构成对现代化的障碍，是否阻止成本节约、技术的引进等。有证据表明，工人委员会不愿意投票赞成减少冗员，但在西方正统的管理制度中，成功的现代化很大程度上取决于一般的经济条件、雇员数量、冗员负担的因素、住房、培训计划，等等，这些问题同样发生在南斯拉夫的企业中。很难讲工人委员会制度是否引起了无法克服的困难(甚至比起正统的管理活动，工人委员会更容易将社会成本等问题纳入考虑)。但是很清楚的是，经济扩张不可能是工人自治制度的直接结果，至少到目前为止，这种制度对经济扩张和经济效率并没有构成特别的阻碍。为了检验工业领域权威结构民主化的“不可能性”假设在南斯拉夫的适用情况，我们必须分析工人自治制度内部的运行。这里需要问的第一个问题是，即使南斯拉夫是一个共产主义国家，工人委员会是否具有完全独立的权力(当然，即使它们没有独立权，从这里也不可能发现这种制度在一个不同的社会政治环境中的情况)。

共产党对工人委员会施加影响或控制有几种途径，但是党本身的角色是相当模糊的。一方面。共产主义联盟在理论上不再通过直接统治施加控制，但它通过“思想和观念的力量”维持领导的角色。在南斯拉夫国内一直进行关于党的地位和党与国家分离的争论。然而,实际上,所有"关于社会发展的重要决策由党内一个小团体集中掌握"[16]。另一方面——反映共产主义联盟中耶克尔(Jekyll)和海德(Hyde)执政时期的特点——这种控制是在高度参与性体系中进行,在一个从意识形态上被视为"社会所有组织的成员自己有意识和有组织地控制的社会主义社会"进行。[17]

其中一个共产主义联盟影响工人委员会的渠道是通过自己的党员当选为社区大会的成员。社区(大体上相当于英国的地方政府)是南斯拉夫基层的政治单位,在此基础上建立更高层的政府。基本上,各个层次的议会分为两个部分:"市议会"和工人议会,"工人议会中的公民既作为个人,也可代表企业或其他组织。"[18](其他议会也存在这种情况)社区大会的提名和选举程序十分复杂(部分直接选举,部分间接选举),但在最近几年,选举过程中引入了一些自由选择的因素。[19]社区在地方政府活动中享有较高的自治权,它们对本地区企业很感兴趣,因为社区的一部分收入来自社区所辖的经济实体。社区对企业的事务具有一定的权力,包括有权提出政策建议。今天,与过去相比,企业与社区之间的关系似乎具有更多的独立性。正如已经指出的,企业对厂长任命的控制权不再与社区分享,至少在某位研究者所研究的企业中,工人委员会在面对来自社区的建议和要求时可以采取独立的态度(Kolaja, 1965, pp.28, 62)。

共产主义联盟还可以通过工会产生影响,但工会的作用不管从一般的角度还是从企业内部,均十分模糊。[20]工会的主要作用可能是教育,不管是教育工人在管理活动中发挥作用,还是一般的成人教育。南斯拉夫的工会"近年来已经形成了发达的教育和文化功能,这些功能比作者所知道的其他任何工人阶级的作用更为广泛"(Singleton and Topham, 1963, p.21)。工会对工人委员会的选举权力已经受到削减(见下文),工会在企业中的其他大部分权力也是与其他组织分享。J.科拉亚(J. Kolaja)发现在他所调查的工厂中,工会由于财政原因而独立于工人委员会。[21]

除了这些间接的渠道外,共产主义联盟对工人委员会产生影响的途径就是将自己的成员选举进入工人委员会。工人委员会成员同时也是共产主义联盟成员的比例变化较大,但在单个企业中的比例很高。F.辛格尔顿(F. Singleton)和T.托珀姆(T. Topham)调查的数字为平均35%。在科拉亚所访问的两个工厂中，一个是70%，一个是略低于50%。一项对整个南斯拉夫的调查显示为8%—65%。[22]工人委员会中共产主义联盟成员如此之高的比例或许不可能再现，因为1964年工人委员会选举程序进行了改革。最初，工人委员会候选人可以由10%的企业工人提名或由工会提名——这通常意味着由工会提出候选人名单。现在，候选人可以在企业的特别会议上由任何一名工人和两名附议者提名。这样就存在着竞争关系。例如，1967年在F. H. 斯蒂芬(F. H. Stephen)所访问的斯普利特船厂中，76名候选人竞争35个席位。选举活动在工人委员会的一个特别委员会主持下进行秘密投票。相当高比例的工人参加了投票，斯蒂芬的统计是1966年为87%，1967年为91.2%。[23]共产主义联盟控制工人委员会所遇到的一个障碍是工人委员会成员的频繁更替，尽管任期为两年，但每年有一半左右成员被替换。[24]

科拉亚(Kolaja, 1965, p. 63)通过自己的调查认为，共产主义联盟"明显不属于一个频繁的创议者，而是作为一个观察者和审查者出现"。但是，可能最有趣的一个例子是来自他对另一个工厂所进行的调查。在78名被调查者的回答中，关于"谁对企业具有最大的影响力"问题上，只有4个人认为是共产主义联盟，11个人认为共产主义联盟的影响力处于第二位，9个人认为是第三位，而有45个人将工人委员会列为第一位，25个人将厂长列为第一位，2个人将工会列为第一位(Kolaja, 1965, p. 34, Table 12)。由于共产主义联盟可以通过各种不同的途径发挥作用，对它的任何评价都是很困难的。可能从我们研究的角度而言，尽管共产主义联盟的作用不能忽视，但是认为整个工业领域的组织结构毫无作用的看法是错误的。到目前为止，其他的外部因素对于工人委员会发挥着同样重要的作用——主要是经济因素。工人委员会的政策受到来自经济联合会的影响(制造类似产品的企业的联合会)，更重要的是，从1965年经济改革以来，企业实际上是在自由市场经济下运行，企业之间存在着竞争。作为主要信用来源的银行，也基本上是按照信用的原则通过"资本主义"的逻辑独立运行。在一种自由市场与社会化的企业之间和谐运行的关系从长远来看有待证明，但是从总体上，也考虑到这些外部因素，不管如何，没有理由怀疑工人委员会对企业事务的控制作用："尽管有一定的法律限制，有来自政府的干预，有来自党的压力，工人委员会及其选举产生的管理委员会实际上负责管理它们自己企业的事务”(Neal and Fisk，1966，p.30)。

如果有必要进一步分析南斯拉夫工人自治管理制度的运行机制，那么就会遇到适用于任何一个工业民主制度的问题，这些问题在我们前文尝试解释“不可能性”问题时遇到过，即关于“普通工人”的兼职的管理组织在多大程度上能够真正控制全职的管理专家。我们将分析在南斯拉夫工人自治制度下，工人大众在多大程度上利用参与机会，在多大程度上工人个人按照参与民主理论所要求的那样参与决策活动。

值得分析的一个问题是工人委员会可以做出什么样的决策。是否有证据表明，尽管像管理者那样定期开会，工人委员会在面对最重要的技术问题时难以处理？形式上，工人委员会享有广泛的权力。除了上面提到的一些功能外，它

> 批准生产、工资和市场等方面的政策和计划、经营原则以及管理委员会提交的报告，它决定留给企业的利润如何分配……总体上，工人委员会有权关心企业的所有问题，它也享有人们在企业中上诉事务的最高裁决权(Kolaja，1965，p.6)。

国际劳工组织(1962)的报告指出，工人管理组织“也直接负责在其他国家属于最高管理层或其他中高级管理层的事务——如许多具体的决定和政策事务”(I.L.O.，1962，p.163)。有一些关于工人委员会如何工作的材料。科拉亚分析了他所调查的工厂的工人委员会所讨论的一些主题(从1957—1959年的记录)，将这些主题分为三类。第一类是属于“生产—财务类事务”(生产计划、工资、机器的销售等)，大体上属于高级管理层的事务。另两类属于“组织维护”和“个人要求”(如请假和抱怨等)方面的事务，大体上属于低级管理层的事务。在两个工厂中，工人委员会将大部分时间花费在属于第一类的事务上。[25]随着时间的推移，工人委员会最关注的话题已经发生了变化。在过去的十年中，对几个企业的具体分析发现，这段时期，企业中最重要的、高层管理方面的讨论主题所占用的时间增加了，相应地其他事务的讨论时间减少了。研究者认为，这表明，工人委员会已经学会了如何处理那些超越他们周围环境的事务——或者如D.里德尔(D.Riddell)指出的，他们“逐渐地‘学会了运作这一制度’”[26]。这确

实一定程度上支持了参与民主理论家认为参与活动具有教育功能的观点，这些活动拓宽了人们的视野，培养了兴趣，形成了更具实用性的政治参与能力。[27]

从某种意义上，因为工人委员会负责决策这一特点，揭示了工业领域民主权威结构的可能性，即“政府”由整个集体通过选举产生，向选举者负责，选举者有权罢免“政府”。另一方面，企业中职业“专家”的地位问题仍然存在，工人委员会是否像其他社会中那样仅仅在决策过程中发挥橡皮图章的作用？在这里，不管形式上还是非形式上，厂长的地位仍然重要。厂长的任期减少到四年，意味着厂长行使“万能的”权力的范围减少了，但是，厂长的形式权力仍然十分广泛。斯蒂芬(Stephen，1967，p.35)在他对船厂的调查中指出，该厂的“章程”中规定，工人委员会无权改变厂长在执行政策方面的决定。他们唯一的权力是涉及社区事务或解聘厂长。这一规定是否具有普遍性不得而知。当然，在过去，有许多厂长越权管理，南斯拉夫的媒体也关注过这些问题。[28]在这个例子中，我们好像又一次看到厂长地位的提高，但是，由于南斯拉夫不同地方之间存在的巨大差异，还是无法形成一般的结论。对厂长而言，他很容易理所当然地认为自己有权“接管”企业。例如，在马其顿，厂长往往遇到那些没有受过教育、没有多少工作经验的工人，而在斯洛文尼亚则有所不同。不管在对工人委员会“无所不能”的公开观察中看到其地位如何，厂长及其他“专家”的影响是巨大的。企业的大多数建议几乎来自厂长及其辅助机构，这些建议很少遭到反对，也是各种会议讨论得最多的主题，特别是当讨论的主题是重要的事务或技术性的事务(如生产计划)。只有当一些低层次的事务被讨论时——尤其是在关于南斯拉夫企业为工人提供的住房分配问题上——工人委员会的普通委员非常积极地参与并做记录，只有在这些问题上激烈的辩论将发生。斯蒂芬所调查的企业中也发现了类似的情况，尽管那里的企业工人受过较高的教育，有较高的技能(尽管在会议上也讨论了更高层次的主题)。[29]另一方面，有一份记录表明，在至少一个企业中，“工人委员会和经济单位的会议上，频繁地进行投票活动，而且有许多的不同投票意见，许多重要的决策得到了厂长、会议主席以及小组委员会的补充”，国际劳工组织也提到了类似情况。[30]

即使在一些工人委员会中允许普通工人成员更积极地和更有效地参与，厂长和其他专家人士所发挥的重要影响这一更普遍的特征，确实在表面上揭示了在工业领域中民主参与制度所遇到的一个几乎无法解决的困境。如果最大数量的工人拥有管理职位，如果参与的教育功能得到最大体现，那么在兼职基础上短期担任管理职位是必要的。但是如果工人委员会能够和专家人士一起讨论更高层次的政策问题，那么就可能要求相反的情况。在一个相对落后的国家如南斯拉夫，这种困境尤其突出，更深层次的启示也无法从中得到。如果这一困境使得工业民主“不可能”，那么，由于任何一个选举产生的民主组织(例如在地方政府)中均面临这种类似的情况，政治民主也就不可能实现——那些宣称工业民主不可能实现的理论家并不希望这样讲。真正的问题是在什么领域存在于工业中的这种困境能够被解决。工人委员会中的成员利用什么方式使他们有能力评价和提出有关计划和政策？当然，一个答案是经验。在这里，上一章提到的建立在更高层次部分参与基础上的证据很明显。更高层次上的参与需要与较低层次上的参与机会联系在一起。换言之，就像工作场所的参与作为更广泛的政治领域参与活动的“训练场”一样，在较低管理层次上决策的经历也能够为更高层次上参与决策提供有价值的培训。从这个角度上讲，南斯拉夫社会中经济单位的地位是十分重要的。其次，我们已经看到参与的必要条件是获得必要的信息，在南斯拉夫就可以获得大量的信息。总之，在南斯拉夫的企业中工人可以获得充分的信息，“在南斯拉夫，‘公开性原则’可能是独特的。在大多数企业中工人获得的信息比在英国、美国或苏联工人获得的信息要充分得多。”[31]但是，尽管一份报告提到在几个企业中工人委员会和经济单位的会议“摆满了各种会议议程的文件材料”，但不是所有企业均如此。[32]正如A.斯特姆索尔(A. Sturmthal, 1964, p.189)指出，在正统的工业制度中，很少有管理者独立作出技术方面的决策，因而期望工人委员会做出这样的决策也是荒唐的，后者仍然需要必要的“制衡性”的信息来评价其他人的建议。在这里，工会就可以通过获得和提供给工人委员会这种信息而扮演有价值的角色，它们可以作为一种研究部门，或者如一项关于南斯拉夫的讨论所表明的，工人委员会可以雇用自己的专家来完成这项工作。[33]直到这里所揭示的解决方法尝试以后,如何解决这一困境的令人满意的方法才能够获得。然而,没有很好的理由假定,这种解决方法的存在使得工业领域权威结构的民主化变得不可能。

我们接下来讨论南斯拉夫工人自治管理制度中工人大众在多大程度上参与了管理。第一点必须指出的是大量的工人拥有一定的职位。从20世纪50年代到20世纪60年代大约有一百万人参加了工人委员会及其管理委员会,占据工业领域劳动力的四分之一左右。[34]很明显,很大一部分是"普通工人"。但是必须指出的是,"工人委员会"一词具有一定的模糊性,关于工业民主或工人控制的讨论很少试图去解决这一模糊性。"工人"的界定通常很宽泛,它并没有区分"工人"是否就是那些体力劳动者或地位较低的工人,还是"既包括体力工人也包括脑力劳动者",即所有在一个企业中的雇员。"工人"自治管理或"工人"控制的含义就是地位较低的工人应该在管理组织中占据大多数(他们形成劳动力中的大多数这一点也充分被接受),但是当民主意味着普选权和所有人应当参与时,没有理由将"工人"自治管理只局限于这一类雇员。在南斯拉夫,体力工人和白领工人之间的划分并没有得到官方承认(Stephen, 1967, p.13),但不清楚是否有规定要求管理组织主要由体力工人或生产线上的工人所组成。科拉亚认为体力工人在工人委员会的候选人中应当有一定比例的代表,管理委员会成员中四分之三应该直接来自生产一线。但是在斯蒂芬最近调查的船厂中,人们不知道有这些规定。[35]不管事实如何,在任何自由提名的过程中,很难看到关于候选人的规定是如何得到满足,并没有有关的材料。但是,我们可以找到关于工人委员会构成的材料,(在1962年)妇女在工人委员会中的代表较少,有技能和高技能的工人的代表较多。[36]这一事实在斯普利特船厂中得到了证明,在该厂,尽管从1965年到1967年,工人委员会中工人的比例从61.3%增加到72.4%,但1967年只有2.6%是低技能的工人,3.9%是没有技能的工人。[37]该厂的工人在解释缺乏技能的工人代表性不够的问题时,认为原因在于教育水平低,以及其他人对职位的渴望。很难看到,在教育水平提高之前,在从参与制度中获得长期的经历(这将提高工人们参与的心理"准备")之前,工人们如何提高他们的代表性。

然而，“上层”工人阶级中，确实存在着在更高层次上有着更高的参与率。但是，这种情况的背景是，工人们普遍不了解工人自治制度的运行，也不感兴趣。在科拉亚所调查的一家工厂中，他向 24 名工人提到了工人委员会，其中有 10 人根本不知道。[38]里德尔引用了几项关于南斯拉夫工人自治管理制度的情况的调查研究，尽管不同工厂和不同工人的参与情况不同，但整体参与水平较低。在一家工厂中，312 名工人被问到在工厂活动的五个领域中谁负责决策时，105 名工人没有回答正确，其中没有一名工人对五个问题全部回答正确。另一名研究者评论道：“一个明显的事实是，相当多数的被调查者对重要的社会、经济和政治问题缺乏基本的了解，也缺乏有关的信息。”[39]里德尔认为，有关知识和兴趣的缺乏是因为“总体上，这一制度对于大多数工人而言过于复杂”[40]。当然，有许多管理规定，这些规定也不断地变化（收入分配制度是十分复杂的）。很难看到，工人自治管理制度中实际上的组织结构是否变得更简单一些，从而能够容纳最大的参与，不管是直接参与还是通过代表形式参与，也不管是在高层次管理活动还是在低层次管理活动方面。

遗憾的是，大多数评论者实际上忽视了南斯拉夫工人自治制度中低层次的参与，因而无法说明在这一层次上的参与情况兴趣水平是否更高（从前文管理工业领域参与情况的证据中我们可以看到情况基本上如此）。[41]令人感到遗憾的还有其他原因。参与民主理论提出的一个问题是，是否有可能将直接参与模式移植到现代的、大规模的工业领域。南斯拉夫工人自治管理制度确实提供了一些思路。首先，一个上文已经提到的因素是，管理组织中管理人员的频繁轮换意味着，在一个人的一生中，每个人都应当有机会直接参与决策过程，至少有一次的机会。其次，南斯拉夫工人自治管理制度通过对企业重大问题进行全体投票的方式提供给每一位工人参与决策的机会。国际劳工组织的报告提到，这些重要问题主要集中于收入分配方面的问题，但在斯普利特船厂中，有一次全体投票是关于联邦政府建议船厂与其他三个工厂合并建立集团。全体投票在四个工厂同时进行（在特别委员会的主持下），由于其中一个工厂大多数投票反对，该建议未获通过。[42]在决策活动中低层次参与作为“训练场”的重要性在前文已经提到。在这里，经济单位也是十分重要，因为它使工人在他们自己所处层次的集体事务范围内参与决策。根据一项研究,"南斯拉夫将经济单位的发明看作是过去二十年来最重要的发展之一。"[43]

在高度分权化的企业中,经济单位和工人委员会之间的关系倾向于采取集体合同的形式,在许多例子中经济单位讨论并且进行投票,来决定是否脱离它们所在的企业。经济单位有广泛的功能,包括有权处理企业的一部分内部资金,有时候经济单位互相之间可以进行借贷。[44]有证据显示,至少在一些企业中,工人们的确利用了企业提供的在较低层次上的参与机会。斯蒂芬指出,在他所调查的企业中,技能较低和教育水平较低的工人在部门性的工人委员会中有更多的代表,国际劳工组织的报告也描述了一次车间会议,"会议上有来自各方面的评论和建议……三分之一或更多的工人参加了……几乎不存在由于语言表达的不畅……或发言者之间级别的差异而产生的任何尴尬"(I. L. O., 1962, p. 172)。

人们并不认为南斯拉夫的工人自治管理制度提供了组织权威结构民主化的成功例子,从本书的材料中也无法得出一些明确的结论。在许多方面还需要更多的有关信息,尤其是需要对一个国家不同地区的不同企业中的制度运行进行广泛的研究。或许在未来这项研究可以进行,正如里德尔(Riddell, 1968, p. 69)指出,南斯拉夫"提供了研究现代大规模社会中分权控制及其心理效应的实验室。实际上在目前这种研究是没有限制的——除了语言方面的限制外"。除了这些因素,共产主义联盟和南斯拉夫经济落后的特点这些事实,使它与西方国家之间的直接比较相对困难。可以得出的一个结论是,南斯拉夫的经验给了我们充分的理由相信,工业领域中权威结构的民主化是有可能的,尽管存在着较大的困难,也相当复杂。

从对南斯拉夫工业民主的讨论中,可以对与参与民主理论的观点有关的实证材料进行分析并得出结论。证据表明,从民主理论的角度来看,一般性的结论是很清楚的。参与民主理论要求建立一个民主政府的必要条件必须是建立一个参与性社会,这一要求并不是不现实的。早期"古典"参与民主理论家们的理想是否能够实现,仍然是一个未知数。

注 释

1. Holter，1965，p.301，Table 2.也可参见 p.304，Table 3b。

2. Goldthorpe et al.，1968，pp.108—109，Table 47.

3. Eckstein，1966，p.238.他也谈道，“即使是某种公共所有权（就像英国工业中的国有化对于整个经济的健康绝对重要一样）也妨碍了经济关系的民主化”（p.237）。但是，英国国有化的整个情况并没有提供什么有价值的证据，民主化也从来没有推行过。这是工党（1945—1951 年执政）采纳“莫里森方案”而未尝试其他方案的特定决策的结果。这样，一项富有价值的实验机会就丧失了，这一时期公共舆论和工人们都支持真正的变革。

4. 因为存在着一个例子，很清楚有可能使工业领域的权威结构民主化，但是，从这一例子中不能得出关于整个经济体系民主化可能性的结论，而这是参与性社会的观念所要求的。该工厂建立于 1963 年，作为一个由工人所控制的“和平的工厂”。工厂在和平运动中逐渐为公众所知，倾向于“左翼”，由此具有自我选择的因素。工厂的名字来源于罗伯特·欧文（第二个类似的工厂在威尔士已经建立）。工厂在经营方面相当成功，从大约 7 000 英镑资金（其中大部分是捐赠的）开始，现在每年的产值达到 8 万英镑。参见 Blum，1968，pp. 49—51。Derrick and Phipps，1969，pp.104—107；Rowen Factories，1967 and Sawtell，1968，pp.41—42，公司 A 和 B。

5. 董事按照法律活动，但他们在罗文公司的唯一职责是签署支票（Jawtell，p.15）。工厂也有一个咨询委员会，由赞同该工厂目的的组织的代表所组成，其主要作用是确保总委员会的决定不会违反工厂建立时所依据的原则。

6. 1964 年的国民收入状况如下表：

	各共和国收入（单位：10 亿新第纳尔）	人均收入（单位：英镑）	人口（单位：百万）
波斯尼亚和黑塞哥维纳	6.8	56	3.5
克罗地亚	14.6	97	4.3
马其顿	3.0	57	1.5
蒙地尼哥罗	0.9	51	0.5
塞尔维亚	21.5	78	7.9
斯洛文尼亚	9.0	161	1.6
南斯拉夫	55.8	83	19.3

资料来源：*The Economist*，16 July 1966。

7. 在 25 年里，整个国家的农村人口从 75%减少到 45%，*The Economist*，16 July 1966。工业领域中劳动力每增加 1%—2%，都是来自农村的人口（Auty，1965，p.159）。

8. I.L.O.，1962，App.1，Table A.

9. Blumberg，1968，p.198.私人企业的雇员数限制为 5 名以内（除了家庭成员外)。

10. Singleton, 1963, p. 15. 关于雷德·康卡工厂组织的描述参见 Kmetic, 1967。

11. Stephen, 1967, p. 8,也可参见 Singleton and Topham, 1963, p. 14 and Kmetic, 1967, p. 13。

12. Stephen, 1967, p. 12. 布隆伯格(Blumberg, 1968, p. 205)引用的制度有一些不同。

13. 1952 年以前,厂长由国家任命。后来,则由工人委员会和社区的代表一起组成的一个委员会选举产生。厂长可以由工人委员会罢免,但其程序不是很清楚。参见 Blumberg, 1968, p. 205。

14. *The Economist*, 16 July 1966 and 19 August 1967.

15. Blumberg, 1968, p. 213. 关于经济改革的内容参见 Neal and Fisk, 1966 以及 *The Economist*, 16 July 1966。

16. Riddell, 1968, p. 55. 关于 1966 年亚历山大·兰科维奇(Aleksander Rankovic)下台后共产主义联盟发展的问题,参见 Neal and Fisk, 1966 以及 Rubinstein, 1968。也可参见"关于进一步发展和重组南斯拉夫共产主义联盟的草稿"(1967)。

17. Riddell, 1968, p. 55. 这种意识形态的地位不能被忽略,但被认为是"装饰性的"。正如里德尔指出,南斯拉夫历史上一直具有地方自治和反对中央集权的传统,党派之间的活动主要是在地方政党中进行(今天的共产主义联盟建立在整个国家的基础上)。南斯拉夫的领导者很熟悉无政府——工联主义以及正统的马克思主义学说。在工业领域,如果目标只是"社会化工业进行分权"(Rhenman, 1968, p. 6),或者赋予管理者更多的独立性(这只是一种结果,Kolaja, 1965, p. 75),或者产生一个管理阶级,那么就不需要建立这些特定的组织。无需多言,所有这些结果或是可以预见,或是所希望的。也可参见 A. 德利昂(A. Deleon, 1959)和 P. 奥蒂(P. Auty, 1965)对目前制度形成历史的叙述。

18. Milivojevic, 1965, p. 9. 1963 年,共有 581 个社区。也可参见 *International Social Science Journal* 特刊(1961)。

19. 某次选举活动的介绍参见 Riddell, 1968, pp. 58—59; Milivojevic, 1965, pp. 16—20; *The Economist*, 15 April and 24 May 1969。更早时期的选举规定参见 Hammand, 1955。

20. 关于南斯拉夫工会的作用可参见 Jovanovic, 1960。也可参见 Kolaja, 1965, pp. 29—34。

21. Kolaja, 1965, pp. 34—35. 在这里无法对工业领域民主化的权威结构中工会的角色进行讨论。但是这里足以指出,工会对单个工人利益的重要保护功能还是保留了下来,不管管理者的构成如何。

22. Singleton and Topham, 1963, p. 10; Kolaja, 1965, p. 16, Table 1;以及引自 I. L. O., 1962, p. 33。

23. Stephen，1967，pp.9—10.布隆伯格讲到企业大会通过投票来批准这些提名。Blumberg，1968，p.200.早些时期的工人委员会选举参见 Singleton and Topham，1963，p.9。

24. 布隆伯格(1968，p.198)讲道,现在几乎没有哪一位成员可以连续工作满两届任期。里德尔(Riddell，1968，p.66)调查显示 1962 年的当选者在后来保持了较高的连续性。

25. Kolaja，1965，p.24，Table 6.斯蒂芬在斯普利特造船厂发现了同样的模式(1967，p.17)。也可参见布隆伯格(1968，pp.205—206)调查 6 000 个工人委员会的议事日程表,以及 M.科梅蒂奇(M.Kmetic，1967，pp.27—28)列出的雷德·康卡工厂的决定和讨论事务的表格。

26. 科拉亚的记述,p.23。以及 Riddell，1968，p.68。

27. 斯特姆索尔认为这一演变仅仅反映了法律上的变化。尽管法律规定变化了,工人委员会的权力仍然相当广泛。重要的是,现在工人委员会更愿意也更有能力行使这些权力。Sturmthal，1964，p.109.

28. 参见 Ward，1957 and Tochitch，1964。

29. Stephen，1967，pp.38—41.有关工人委员会会议的记录可参见 Riddell，1968，pp.66—67，Kolaja，1965，pp.45—50 以及 pp.19—21,Table 4。在前者调查的工厂中,工人的技能水平较低。在科拉亚调查的企业中妇女的比例很高,尽管他并没有意识到这一因素对于参与而言是很重要的。

30. Singleton and Topham，1963，p.23；I.L.O.1962，p.236.

31. Kolaja，1965，p.76.也可参见 I.L.O.，1962，p.280。

32. Singleton and Topham，1963，p.24.也可参见 Riddell，1968，p.66。

33. Bilandzic，1967,以及 Dragicevic，1966。

34. Blumberg，1968，p.215.在 1960 年,劳动力总数为 900 万,其中 500 万是农业劳动者。Auty，1965，p.157.

35. Kolaja，1965，pp.7—8;Stephen，1967，p.13；Blumberg，1968，p.217.此三人共同重申了关于管理委员会的一些规定。

36. Riddell，1968，p.66.在西方的政治组织和社会组织中,存在着类似的参与模式。

37. Stephen，1967，p.11，and App.2：2：1.在白领工人中只有3.9%是小学毕业(白领工人在整个劳动力中占据 13%)。参见 Kolaja，1965，p.17，Table 1。

38. Kolaja，1965，p.51.然而,一位前工人委员会的主席评论道,“向工人们报告工人委员会的议程并不是通常做法。”科拉亚在他的调查基础上进一步将工人委员会的普通工人委员在更高管理层次上的政策讨论活动中参与性不高的原因,归结于他们缺乏兴趣。在没有其他证据前,也可以认为是缺乏信心或缺少充分的信息。

39. 引自 Riddell，1968，pp.62—63。也可参见 Ward，1965。

40. Riddell，1968，p.64.在解释南斯拉夫的有关材料时一个主要的困难是,在官方意识形态和政府实际活动之间的差异发挥了多大影响，这一因素在多大程度上可以解释个人自治管理制度中工人们兴趣不高的原因？

41. 例如，布隆伯格(1968)在他的书中仅仅提到了低层次参与的发展情况，并没有将这与参与活动所需要的信息联系起来。

42. I. L. O.，1962，p. 172. Stephen，1967，pp. 43—44. 在六个月后，针对该建议再次进行了投票。

43. Singleton and Topham，1963，p. 17. 这些单位最初建立的目的是为了防止工人委员会脱离工人的倾向(p. 14)。

44. Singleton and Topham，1963，pp. 15—17，以及 1963a。也可参见 Kmetic，1967，pp. 20—26。

第六章
结　论

最近一段时间来，由于熊彼特对“古典民主学说”神话的如此成功地传播，关于民主理论的讨论热情一定程度上减少了。对“古典民主学说”重新检视的失败，使我们无法正确地理解早期（一些）民主理论家们关于参与在民主理论中的核心地位的观点，甚至阻止了那些希望为参与民主理论进行辩护的学者们的努力。这意味着关于这一主题的流行的学术正统，即当代民主理论，没有受到实质性的、有力的批评。在面对现代大规模的政治生活这一事实时，也缺乏一个真正有说服力的例子来支持一种参与理论。

我们称为参与民主理论家的那些“古典”理论家对民主理论的主要贡献，是引导我们将注意力集中于个人与他们所处的组织的权威结构之间的关系上。当然，并不是说当代学者完全不知道这一关系，明显不是如此，正如政治社会学，尤其是与政治社会化有关的、所证实的那样，但是当代民主理论中关于社会化的发现的意义还没有被充分理解。这些发现之间的联系，特别是那些关于成年人和儿童中政治效能感发展的发现，以及“民主性格”的观念，都被忽视了。尽管许多当代民主理论的倡导者认为，一种特定的性格，或一套心理品质和态度，是（稳定）民主所必需的——至少在一定比例的人口中间——但还远未明确这种性格如何培养，这种性格与“民主方法”运行之间关系的实质是什么。大多数人均不赞成熊彼特关于民主方法与民主性格之间没有关联的观点，但他们也不会认真去检视这种假设关系的实质。即使是阿尔蒙德和维巴，在明确揭示了参与性的环境与政治效能感发展之间的关系后，在他们的书中最后一章进行理论分析时也没有揭示如何体现这种关系的意义。

然而，这种情况只是最近关于民主理论研究的更为普遍的、明显的特征的一种反映。尽管大多数当代政治理论家强调他们的专业领域所展示出来的实证的、科学的性质，但他们不愿意以怀疑的眼光看待事实。也就是，他们不愿意看到在关于政治事实为什么如此时需要提出一种理论解释，相反，他们理所当然地认为，有可能产生一种解释的理论已经过时了，因而盲目地集中关注建构一种“现实主义的”理论以适合政治社会学所揭示的事实。

这种单方面研究路径的结果，不仅产生了一种含有未被承认的规范意义的民主理论，这种理论将当代的盎格鲁—美洲政治制度当作是我们的民主理想，它也导致了形成一种在许多方面与19世纪反民主观点具有奇怪相似性的“民主”理论。民主理论不再集中关注“人民”的参与，不再关注普通人的参与活动，民主政治体系的主要优点也不再被认为是与普通个人身上所体现出来的与政治有关的必要品质的发展。在当代民主理论中，少数精英的参与才是关键的，缺乏政治效能感的冷漠的、普通大众的不参与，被看作是社会稳定的主要屏障。很明显，近年来的理论家们还没有考虑到为什么在政治冷漠与低度的政治效能感以及较低的社会经济地位之间存在正相关。有更充分的理由认为，早期的民主理论家们在他们关于“民主性格”的观念方面是非现实主义的，他们认为，在特定的制度背景下，每个人都可以发展他的民主性格，如果今天那些不符合这一标准的人们被发现在社会的各个领域大体平等地分布的话。但他们并没有发展出民主性格这一事实，使得实证取向的理论家们停顿下来，并且问一下为什么。

一旦被问及，在解释参与民主理论中关于政治冷漠的事实时是否不存在制度方面的因素，那么，支持稳定的观点似乎更缺乏基础。近年来，大多数理论家满足于萨托利的断言，即普通人的消极活动“不是哪个人的错”，并从理论建构的角度将这些事实看作既定的。然而，我们已经看到，有证据支持卢梭、约翰·斯图亚特·密尔和科尔的观点，即我们通过参与实践而学会了参与，政治效能感更有可能在一个参与性环境中得到培养。

而且,有证据表明,在一种参与性权威结构中的经历可以有效消除个人身上非民主态度的倾向。如果那些刚进入政治领域的人曾经接受过"教育",那么他们的参与将不会对政治体系的稳定构成威胁。令人奇怪的是,这一反对支持稳定的观点的证据受到那些为当代民主理论辩护的学者们的欢迎,因为他们经常谈到他们强烈反对在低层次上的政治参与和由此获得的政治兴趣。

支持稳定的观点似乎具有相当的说服力,因为与参与的心理效应相关的证据从未与政治理论问题,尤其是民主理论结合起来被分析。目前关于当代民主理论中参与地位的讨论中双方均仅仅把握了参与民主理论的一半。早期民主理论家的支持者强调他们的目标是培养一群受过教育的、积极的公民,当代民主理论家们指出了在非政府领域权威结构对于政治社会化的重要意义。但是,双方均没有意识到,这两个方面是有联系的,也没有意识到实证材料对于他们观点的作用。

然而,参与民主理论的社会化方面也能够被吸收进入当代民主理论的一般框架内,如果有一种稳定民主理论存在着比目前的民主理论具有更为坚实的基础的话。对工业领域参与活动的分析已经表明,对现存权威结构稍作修整,对于政治效能感的发展是必要的。根据近年来的管理理论,可以预料,在较低层次上的部分参与在将来管理良好的企业中有可能广为运用,因为它的许多优点可以有利于提高效率,有利于提高企业适应环境变化的能力。然而,尽管社会化的观点与两种理论均保持一致,民主的两种理论在它们最重要的方面存在着冲突,在它们关于民主政府的各自定义方面存在着冲突。是否只要存在选民在全国层次上定期选举的竞争性领导者就可以了?是否只要存在一个参与性社会,一个每个人均有机会直接参与所有政治领域的社会就足够了?当然,我们还无法证明究竟是哪一个理论正确。我们所关注的是,参与性社会的观念是否如一些学者所认为的完全不具有现实性,这些学者要求对参与民主理论进行修正。

参与性社会的观念要求"政治"的范围延伸至政府以外的领域。我们已经指出,许多政治理论家仅仅要求政治范围的这种延伸。遗憾的是,这一广义上的政治概念,以及它对政治理论产生的更重要的意义,当政治理论家们将注意力转向民主理论时，往往被他们自己遗忘了。一旦认识到工业领域本身就是一种政治体系，就会立刻消除许多关于工业领域民主（以及它与参与之间的关系）的观念混淆。这样，就不会使用“民主”一词来描述领导者忽视组织的权威结构所采用的友好的管理方法，也排除了那种与国家政治似是而非地比较后认为工业民主已经存在的观点。几乎没有实证证据可以断言工业民主或充分的、高层次的参与是不可能的。另一方面，相比科尔在其早期著作中列举的例子，有更多的证据表明工业民主的实现也存在许多的困难和复杂性。

尽管很难从南斯拉夫工人自治管理制度的材料中得出一些有说服力的结论，但这种在相当不利条件下进行的实验已经发挥了作用，产生了一定的效果。不管效果如何，对于理论方面的意义，是不能被忽视的。上一章中在分析建立工业民主制度中遇到的一些问题，如在控制“专家”和最大程度地参与管理组织的规定之间的困境，对这些问题提出的解决方法完全是试验性的。直到我们能够看到一种通过选举产生的管理组织能够获得“制约性信息”的制度之前，我们无法知道这些问题是否有答案（尽管从专业的角度，管理者也可能是曾经有过车间工作经验的工人的这一事实不可被低估）。

在讨论工业领域的权威结构民主化的实际可能性时遇到的主要困难是，我们缺乏关于在高层次或低层次上提供参与机会的参与性制度的充分信息，来令人满意地检验参与民主理论的观点。在工业领域中低层次上参与过程的重要意义已经得到了来自英国和南斯拉夫的证据的支持。低层次上的参与和整个企业的参与一样，对更广泛的、国家的政治领域产生的作用是类似的。证据表明，在工作场所中对于更高层次的参与要求不高的原因，至少部分地可以解释为社会化过程的结果，即通过普通工人在自己工作上应当具有的角色观念以及个人在工作场所中的经历，这种社会化过程也导致了许多工人认为更高层次的参与是“不可能”的看法。这样，在低层次上参与的可能性，从长期来看，对于在民主化体系中利用参与机会的工人而言就具有了十分重要的意义。缺乏这种重要的训练场所，即使在大规模范围内引入高层次的参与，也不可能在普通工人中间引起较大的反应（或者由此对政治效能感的发展有较大的影响）。这样，参与民主理论所假定的大多数工人是否积极参与民主工业体系，在这一阶段仍然是一个猜想问题。尽管在低层次上的参与要求表明，如果有机会，更多的工人最终会积极参与，肯定超过那些怀疑工业民主的学者所设想的情况。

今天，在涉及工业领域权威结构民主化的任何讨论中，经济效率的问题注定十分突出，尤其是在一种工业民主体系中经济平等如何与经济效率相一致。通常人们认为经济平等与民主是没有关联的，然而，一旦工业领域被看作是一种政治体系，那么显然，对经济平等进行实质性地测量是必要的。如果决策权力方面的不平等被废除，那么其他形式的经济不平等也就相应地被削弱。斯各特·巴德联合公司的例子表明，普通工人的较高的工作保障与经济效率之间并不冲突，雇员工作任期保障方面（以及与工作保障联系在一起的工资补贴）存在的不平等，可能是当代经济不平等的最明显的方面（可以肯定的是，如果缺乏这种保障，卢梭评价极高的工人独立就无法实现）。斯各特·巴德联合公司实行的工资制度中工资差距不大，但很难讲收入的平等化在多大程度上——当谈到经济平等时大多数人首先想到的就是收入——与经济效率相一致。例如，关于整个“激励”问题的争议较大，或者很难评估有效的参与要求多大程度上的平等。期待由选举产生的管理组织来衡量企业收入分配过程中涉及的各种因素，也是没有多大效果的。但是，南斯拉夫的经验，随着时间的推移，或许在这方面能够提供一些有用的借鉴。总体上，有关的证据并没有显示对经济效率产生明显的、严重的阻碍因素，从而使人们怀疑整个工业民主的思想。[1]实际上，关于低层次参与的许多证据支持了科尔的观点，即一种参与性的制度释放了工人们身上所蕴藏着的能量和创造性，并由此提高了效率。即使是工业领域中民主决策的引入带来了一些低效率，但是否就此认为应当放弃工业民主制度，将取决于其他结果所产生的影响，特别是参与民主理论家们视为具有首要意义的人性的结果。

我们已经研究过在某个领域如工业领域中建立一种参与性社会的可能性，但是由于工业领域在参与民主理论中占据着相当重要的地位，只要证明参与性社会或参与性社会的观念的有效性就足够了。本书对参与这一概念的分析可以适用于其他领域，尽管参与活动延伸至除了工业以外的领域所引发的一些现实问题还无法进行考虑。然而,简单地指出工业领域以外的参与可能性是有益的。

首先,我们来考虑一下家庭。当代的儿童养育理论——如著名的本杰明·斯波克(Benjamin Spock)博士的理论——以一种更为民主的方式,有助于影响家庭的生活,尤其是影响中产阶级的家庭。但是如果普遍的趋势是增加家庭参与,那么从这种参与中获得的教育效果,可能因为个人在后来的经历中很少有参与活动而导致逐渐被削弱。近年来,最迫切地要求更多的参与是来自于学生,显然,这些要求与我们的一般观点紧密联系起来。在关于高等教育机构中引入参与性制度的问题上,有充分的理由认为,如果赋予年轻的工人在工作场所中的参与机会这一观点是具有说服力的,那么赋予当代的学生以同样的参与机会也是合理的,他们都是社会未来的中坚力量。工业领域中的参与机会往往忽略的一种人是全职的家庭主妇。家庭主妇可能在地方政府中发现参与的机会,特别是在一些住房问题如公共住房问题方面存在着参与的机会。管理大规模的住房发展计划提供给当地居民广泛的参与决策的机会,在这种环境下参与决策所产生的心理效应是非常有价值的。在这里,草拟一份可能的参与领域的表格是没有意义的,但是,这些例子却揭示了如何推动参与性社会的建立。

当代民主理论的辩护者们或许反对,尽管参与性社会的观念并不是完全虚幻的,但这一观念不会影响他们对民主的定义。即使工业领域中的权威结构,或许还包括其他领域中的权威结构,经历了民主化的过程,但这对于工人的地位没有多大影响。我们的反对者可能认为,这仍然会限制人们在竞争着的领导人或代表之间的选择。直接参与的模式即使在参与性社会中也无法应用。类似的观点在讨论南斯拉夫工人自治管理制度时也曾经被提出。显然,在工业领域,这种反对意见找错了地方。一种允许在高层次和低层次上进行参与活动的参与性工业体系中,个人可以直接参与较为广泛的决策活动,同时,这也可以是代表性制度的一部分,两者之间并不矛盾。

如果存在着其他的参与领域,那么显而易见,在全国性政治体系上的反对意见是正确的。例如,在一个有 3 500 万人参加的选举活动中,个人的作用基本上就是选举代表，即使在全体投票中个人投了一票，其投票对于结果的影响也是微乎其微的。即使全国性政治单位的规模急剧缩小，现实也不会发生变化。然而，从另一个角度来讲，这种反对意见没有切中肯綮，因为它缺乏对现代的、大规模工业社会中参与民主理论的重要意义的认识。首先，只有当个人在当前的社会中有机会直接参与决策过程和选择代表，他才有希望控制自己的生活前景以及自己周围环境的发展。当然，例如在工作场所中做出的决策与在议会或内阁中做出的决策不一样，但人们至少可以赞同熊彼特及其追随者们的观点：普通公民对全国性事务的所有决策，就像对自己周围事务的决策一样感兴趣，这是值得怀疑的。其次，我们已经指出，重要的是，在其他领域中的参与机会意味着现实发生了一定的变化，即所有政治活动的环境发生了变化。参与民主理论认为，在其他领域中进行的参与活动将使个人能够更好地理解公共领域与私人领域之间的关系。普通人也许对自己周围的事情更感兴趣，如果存在一个参与性社会，个人能够更好地评价国会议员的行为；如果有机会，他将更有能力做出全国性的决策，也更有能力评价国会议员在关于他自己的生活和周围环境的事务方面所作出的决策的效果。在一个参与性社会中，个人投票的意义将有所不同，作为私人个体，他将享有各种机会成为一个有教养的公民。

正是这种理想，在政治思想中有着悠久历史的理想，在当代民主理论中迷失了。毫不奇怪，对于近年来的一些学者而言，许多民主理想被认为是“危险的”，他们建议，我们应当将民主政治生活中所追求的标准确定为稍高于民主政治的现实就足够了。一种说法认为，当代盎格鲁—美洲政治制度在处理各种困难的社会问题时采用的许多方法越来越不合理，例如，20 世纪 60 年代后期美国许多城市中发生的事件，以及在英国所发现的富裕地区中许多人贫困潦倒且无家可归，比起 20 世纪 50 年代末、20 世纪 60 年代初问题更为严重。但是，这种说法表面上可能是“现实的”，因为人们只看到了这些政治制度的某些特征，或者只看到了某些分析数据，而没有看到新理论所强调的实证基础。总之，从当代的民主理论中，我们只能看到近年来的民主理论家们在政治学和社会学想象方面的苍白。

当把参与问题以及参与在民主理论中的地位置于比当代民主理论所

提供的更为广阔的环境中时，以及将实证材料与理论问题结合起来时，很显然，寻求更多的参与，以及参与民主理论本身，并非如人们所通常认为的，是建立在一种危险的幻觉之上，也不是建立在过时的、非现实的理论基础之上。我们仍然拥有一种现代的、富有生命力的、以参与理念为核心的民主理论。

注 释

1. 在一种参与性体系中很少谈到工业所有权的问题，有可能使我们远离我们所讨论的主题。正如在英国，高层次上进行的部分参与的例子显示，在通常认为的"资本主义"和"整体国有化"两者之间有着更多的替代性选择。最近一项关于所有权的有趣的讨论可参见 Derrick and Phipps，1969，pp.1—35。

参 考 文 献

（参考文献既包括了本书所引用的文献，也包括了进一步研究所需的文献。）

Alford, R. F.(1964), *Party and Society*, John Murray, London.

Almond, G. A., and Verba, S.(1965), *The Civic Culture*, Little, Brown & Co., Boston.

Anderson, N.(1961), *Work and Leisure*, Routledge & Kegan Paul, London.

Argyris, C.(1957), *Personality and Organisation*, Harper Bros., New York.

—(1964), *Integrating the Individual and the Organisation*, Wiley, New York.

Auty, P.(1965), *Yugoslavia*, Thames & Hudson, London.

Bachrach, P.(1967), *The Theory of Democratic Elitism: A Critique*, Little, Brown & Co., Boston.

Banks, J. A.(1963), *Industrial Participation*, Liverpool University Press.

Barratt Brown, M.(1960), 'Yugoslavia Revisited,' *New Left Review*, No. 1, pp. 39—43.

—(1960a), 'Workers' Control in a Planned Economy', *New Left Review*, No. 2, pp. 28—31.

Barry, B. M.(1964), 'The Public Interest', *Proceedings of the Aristotelian Society*, supp. vol. 38, pp. 1—18.

Bay, C.(1965), 'Politics and Pseudo-politics', *American Political Science Review*, vol. LIX, No. 2, pp. 39—51.

Bell, D.(1960), 'Work and its Discontents' in *The End of Ideology*, Free Press, New York.

Bendix, R.(1956), *Work and Authority in Industry*, Wiley, New York.

Bendix, R., & Fisher, L. H.(1962), 'The Perspectives of Elton Mayo' in Etzioni, A.(ed.) *Complex Organisations*, Holt, Rinehart, New York.

Bentham, J. (1843), *Works*, Bowring, J. (ed.) Tait, Edinburgh.

Berelson, B. R. (1952), 'Democratic Theory and Public Opinion', *Public Opinion Quarterly*, vol. 16, No. 3, pp. 313—330.

Berelson, B. R., Lazarsfeld, P. F., & McPhee, W. N. (1954), *Voting*, University of Chicago Press.

Berlin, I. (1958), *Two Concepts of Liberty*, Oxford University Press.

Bilandzic, D. (1967), 'Workers' Management of Factories', *Socialist Thought and Practice*, No. 28, pp. 30—47.

Blau, P. M., & Scott, W. R. (1963), *Formal Organisations*, Routledge & Kegan Paul, London.

Blauner, R. (1960), 'Work Satisfaction and Industrial Trends in Modern Society' in Galenson, W., and Lipset, S. M. (eds.) *Labour and Trade Unionism*, Wiley, New York.

—(1964), *Freedom and Alienation*, University of Chicago Press.

Blum, F. H. (1968), *Work and Community*, Routledge & Kegan Paul, London.

Blumberg, P. (1968), *Industrial Democracy: The Sociology of Participation*, Constable, London.

Boston, R. (1968), 'What Leisure?' *New Society*, 28 Dec.

Brown, W. (1960), *Exploration in Management*, Heinemann, London.

Burns, J. H. (1957), 'J. S. Mill and Democracy', *Political Studies*, vol. Ⅴ, No. 1, pp. 158—175, and No. 2, pp. 281—294.

Campbell, A., Gurin G., & Miller, W. (1954), *The Voter Decides*, Row, Peterson, Illinois.

Carey, A. (1967), 'The Hawthorne Studies: A Radical Critique', *American Sociological Review*, vol. 32, No. 3, pp. 403—416.

Carpenter, L. P. (1966), *G. D. H. Cole: An Intellectual Biography*, Unpublished Ph. D. Thesis, Harvard.

Chamberlain, N. W. (1958), *Labour*, McGraw Hill, New York.

—(1963), 'The Union Challenge to Management Control', *Industrial and Labour Relations Review*, vol. 16, No. 2., pp. 184—191.

Chandler, M. K. (1964), *Management Rights and Union Interests*, McGraw Hill, New York.

Chinoy, E. (1955), *Automobile Workers and the American Dream*, Doubleday, New York.

Clegg, H. A. (1960), *A New Approach to Industrial Democracy*, Blackwell, Oxford.

Coates, K. (ed.) (1968), *Can the Workers Run Industry*, Sphere Books, London.

Coates, K., & Topham, A. (1968), *Industrial Democracy in Great Britain*, Macgibbon & Kee Ltd., London.

Cobban, A. (1964), *Rousseau and the Modern State*, Geo. Allen & Unwin, London.

Coch, L., & French, J. R. P. (1948), 'Overcoming Resistance to Change', *Human Relations*, vol. 1, No. 4, pp. 512—532.

Cole, G. D. H. (1913), *The World of Labour*, G. Bell & Sons, London.

—(1915), 'Conflicting Social Obligations', *Proceedings of the Aristotelian Society*, vol. XV, pp. 140—159.

—(1918), *Labour in the Commonwealth*, Headley Bros., London.

—(1919), *Self-government in Industry*, G. Bell & Sons, London.

—(1920), *Social Theory*, Methuen, London.

—(1920a), *Guild Socialism Restated*, Leonard Parsons, London.

—(1920b), *Chaos and Order in Industry*, Methuen, London.

'Commune in Yugoslavia, the' (1961) Special Issue, *International Social Science Journal*, vol. XIII, No. 3.

Cotgrove, S. (1967), *The Science of Society*, Geo. Allen & Unwin, London.

Dahl, R. A. (1956), *Preface to Democratic Theory*, University of Chicago Press.

—(1956a), 'Hierarchy, Democracy and Bargaining in Politics and Economics' in Eulau, H., Eldersveld, S., and Janowitz, M. (eds.) *Political Behaviour*, Free Press, Glencoe.

—(1963), *Modern Political Analysis*, Prentice-Hall, New Jersey.

—(1966), 'Further Reflections on the "Elitist Theory of Democracy"', *American Political Science Review*, vol. LX, No. 2, pp. 296—306.

Davis, L. (1964), 'The Cost of Realism: Contemporary Restatements of Democracy', *Western Political Quarterly*, vol. XVII, pp. 37—46.

Day, R. C. & Hamblin, R. L. (1964), 'Some Effects of Close and Punitive Styles of Supervision', *American Journal of Sociology*, vol. LXIX, No. 5, pp. 499—510.

Deleon, A. (1959), 'Workers' Management', *Annals of Collective Economy*, vol. XXX, pp. 143—167.

Derrick, P., & Phipps, J. F. (1969), *Co-ownership, Co-operation and Control*, Longmans, London.

'Draft Theses on the Future Development and Reorganisation of the League of Communists of Yugoslavia' (1967), *Socialist Thought and Practice*, No. 26.

Duncan, G., & Lukes, S. (1963), 'The New Democracy', *Political Studies*, vol. XI, No. 2, pp. 156—177.

Durkheim, E. (1960), *Montesquieu and Rousseau*, University of Michigan Press.

Easton, D., & Dennis, J.(1967), 'The Child's Acquisition of Regime Norms; Political Efficacy', *American Political Science Review*, vol. LXI, No. 1, pp.25—38.

—(1969), *Children in the Political System: Origins of Political Legitimacy*. McGraw Hill, New York.

Eckstein, H.(1966), 'A Theory of Stable Democracy', App. B of *Division and Cohesion in Democracy*, Princeton University Press.

Exley, R.(1968), 'Paternalist, Genius, Visionary, Dictator, Industrial Guru?', *Help*, No.1, pp.25—29.

Farganis, J., & Rousseas, S.W.(1963), 'American Politics and the End of Ideology', *British Journal of Sociology*, vol.14, pp.347—362.

Flanders, A., Pomeranz, R., & Woodward, J.(1968), *Experiment in Industrial Democracy*, Faber & Faber, London.

French, J.R.P., Israel, J., & Aas, D.(1960), 'An experiment in Participation in a Norwegian Factory', *Human Relations*, vol.13, No.1, pp.3—19.

Friedmann, G.(1961), *The Anatomy of Work*, Heinemann, London.

Glass, S.T.(1966), *The Responsible Society*, Longmans, London.

Goldschmidt, M. L.(1966), 'Democratic Theory and Contemporary Political Science', *Western Political Quarterly*, vol. XIX, No.3, pp.5—12.

Goldthorpe, J.H., Lockwood, D., Bechhofer, F., & Platt, J.(1968), *The Affluent Worker: Industrial Attitudes and Behaviour*, Cambridge University Press.

Greenstein, F.I.(1965), *Children and Politics*, Yale University Press.

Guest, R.H.(1962), 'A controlled Experiment in Job Enlargement' in Walker, C.R.(ed.) *Modern Technology and Civilisation*, McGraw Hill, New York.

Hadley, R.(1965), *Common Ownership in Action* and *Common Ownership and Management*, Scott Bader & Co. Ltd.

Halliday, R.J.(1968), 'Some Recent Interpretations of J. S. Mill', *Philosophy*, vol. XLIII, No.163, pp.1—17.

Hamburger, J.(1962), 'James Mill on Universal Suffrage and the Middle Class', *Journal of Politics*, vol.24, No.1, pp.167—190.

—(1965), *Intellectuals in Politics*, Yale University Press.

Hammond, T.(1955), 'Yugoslav Elections: Democracy in Small Doses', *Political Science Quarterly*, vol.LXX, No.1, pp.57—74.

Harrison, R.(1957), 'The Congress of Workers' Councils, Yugoslavia', *New Reasoner*, vol.1, No.2, pp.99—102.

Herbst, P.G.(1962), *Autonomous Group Functioning*, Tavistock, London.

Herzberg, F., Manser, B., & Snyderman, B.(1959), *The Motivation to Work*,

Wiley, New York.

Herzberg, F. (1968), *Work and the Nature of Man*, Staple Press, London.

Holter, H. (1965), 'Attitudes towards Employee Participation in Company Decision Making Processes', *Human Relations*, vol. 18, No. 4, pp. 297—319.

Horvat, B., & Rascovic, V. (1959), 'Workers' self-government in Yugoslavia', *Journal of Political Economy*, vol. LXVII, No. 2, pp. 194—198.

Hyman, H. H. (1954), 'The Value Systems of Different Classes' in Bendix R., and Lipset, S. M. (eds.) *Class, Status and Power*, 1st ed., Routledge & Kegan Paul.

—(1959), *Political Socialisation*, Free Press, Glencoe.

International Labour Office(1962), *Workers' Management in Yugoslavia*, Geneva.

Jaques, E. (1951), *The Changing Culture of a Factory*, Tavistock, London.

—(1968), *Employee Participation and Managerial Authority*, London.

Jaros, D., Hirsch, H., & Fleron, F. J. (1968), 'The Malevolent Leader: Political Socialisation in an American Sub-Culture', *American Political Science Review*, vol. LXII, No. 2, pp. 564—575.

Jarvie, M. (1968), *An Experiment in Industrial Democracy: The Rowen Engineering Co. Ltd*. Unpublished paper, Edinburgh University.

Jovanovic, Z. (1966), 'Trades Unions and Workers' Management', *Socialist Thought and Practice*, No. 22, pp. 66—85.

Kariel, H. S. (1956), 'Democracy Unlimited: Kurt Lewin's Field Theory', *American Journal of Sociology*, vol. LXII, No. 3, pp. 280—289.

Kelly, J. (1968), *Is Scientific Management Possible*? Faber & Faber, London.

Klein, J. (1965), *Samples from English Culture*, 2 vols., Routledge & Kegan Paul.

Kmetic, M. (1967), *Self-management in the Enterprise*, Belgrade.

Knupfer, G. (1954), 'Portrait of the Underdog', in Bendix, R, and Lipset, S. M. (eds.), *Class, Status and Power*, Routledge & Kegan Paul, London.

Kolaja, J. (1965), *Workers' Councils: The Yugoslav Experience*, Tavistock, London.

Lammers, C. J. (1967), 'Power and Participation in Decision-making in Forma Organisations', *American Journal of Sociology*, vol. 73, No. 2, pp. 201—216.

Lane, R. E. (1959), *Political Life*, Free Press, New York.

Laswell, H. D., & Kaplan, A. (1950), *Power and Society*, Yale University Press.

Likert, R. (1961), *New Patterns of management*, McGraw Hill, New York.

Lipset, S. M. (1960), *Political Man*, Heinemann, London.

Lipsitz, D. (1964), 'Work Life and Political Attitudes', *American Political Sci-*

ence Review, vol. LⅧ, No. 4, pp. 951—962.

Loucks, W. N. (1958), 'Workers' Self-government in Yugoslav Industry', *World Politics*, vol. Ⅺ, No. 1, pp. 68—82.

Lupton, T. (1963), *On the Shop Floor*, Pergamon, Oxford.

—(1966), *Management and the Social Sciences*, Hutchinson, London.

Mayo, H. B. (1960), *Introduction to Democratic Theory*, Oxford University Press.

McFarlane, B. (1966), 'Yugoslavia's Crossroads' in Merlin Press, *Socialist Register*, London.

McGregor, D. (1960), *The Human Side of Enterprise*, McGraw Hill, New York.

Melman, S. (1958) *Decision Making and Productivity*, Blackwell, Oxford.

Merton, R. (1962) 'Bureaucratic Structure and Personality', in *Social Theory and Social Structure*, Free Press, Glencoe.

Milbrath, L. W. (1965), *Political participation*, Rand McNally, Chicago.

Milivojevic, D. (1965), *The Yugoslav Commune*, Belgrade.

Mill, J. (1937), *An Essay on Government*, Cambridge University Press.

Mill, J. S. (1910), *Representative Government*, Everyman ed.

—(1924), *Autobiography*, World's Classics ed.

—(1963), *Essays on Politics and Culture*, Himmelfarb G. (ed.), New York.

—(1965), *Collected Works*, Robson, J. M. (ed.), University of Toronto Press.

Mills, C. W. (1963), 'The Unity of Work and Leisure', in Horowitz, I. L. (ed.) *Power, Politics and People*, Oxford University Press.

Morris Jones, W. H. (1954), 'In Defence of Apathy', *Political Studies*, vol. 11, pp. 25—37.

Morse, N. C., & Weiss, R. S. (1955), 'The Function and Meaning of Work and the Job', *American Sociological Review*, vol. 20, No. 21, pp. 191—198.

Mussen, P. H., & Wyszynski, A. B. (1952), 'Personality and Political Participation', *Human Relations*, vol. Ⅴ, No. 1, pp. 65—82.

Neal, F. W. (1958), *Titoism in Action*, University of California Press.

Neal, F. W., & Fisk, W. M. (1966), 'Yugoslavia—Towards a Market Socialism', *Problems of Communism*, vol. ⅩⅤ, No. 6, pp. 28—37.

O'Donnell, C. (1952), 'The Source of Managerial Authority', *Political Science Quarterly*, vol. 67, pp. 573—588.

Orren, K., & Peterson, P. (1967), 'Presidential Assassination: A case study in the Dynamics of Political Socialisation', *Journal of Politics*. vol. 29, No. 2, pp. 388—404.

Ostergaard, G. (1961), 'Approaches to Industrial Democracy', *Anarchy*,

No. 2, pp. 36—46.

Partridge, P. H. (1963), 'Some Notes on the Concept of Power,' *Political Studies*, vol. Ⅺ, pp. 107—125.

Plamenatz, J. (1958), 'Electoral Studies and Democratic Theory', *Political Studies*, vol. Ⅵ, pp. 1—9.

—(1963), *Man and Society*, Longmans, London.

Pospielovsky, D. (1968), 'Dogmas under Attack: A Traveller's Report', *Problems of Communism*, vol. ⅩⅦ, No. 2, pp. 41—47.

Pribicevic, B. (1959), *The Shop Stewards Movement and Workers' Control*, Blackwell, Oxford.

Pym, D. (1968), 'Individual Growth and Strategies of Trust' in Pym, D. (ed.), *Industrial Society*, Penguin Books.

Rhenman, E. (1968), *Industrial Democracy and Industrial Management*, Tavistock, London.

Rice, A. K. (1958), *Productivity and Social Organisation: The Ahmedabad Experiment*, Tavistock, London.

Riddell, D. (1968), 'Social Self-government: The Background of Theory and Practice in Yugoslav Socialism', *British Journal of Sociology*, vol. ⅩⅨ, No. 1, pp. 47—75.

Riesman, D. (1950), *The Lonely Crowd*, Yale University Press.

—(1964), 'Leisure, and Work in Post Industrial Society' in *Abundance for What?* Chatto & Windus, London.

Robson, J. M. (1968), *The Improvement of Mankind*, University of Toronto Press.

Rokkan, S., & Campbell, A. (1960), 'Norway and the United States of America', in 'Citizen Participation in Political Life', Special Issue, *International Social Science Journal*, vol. Ⅻ, No. 1.

Rosenburg, M. (1954), 'Determinants of Political Apathy', *Public Opinion Quarterly*, vol. ⅩⅧ, No. 4, pp. 349—366.

—(1962), 'Self-esteem and Concern with Public Affairs', *Public Opinion Quarterly*, vol. ⅩⅩⅥ, No. 2, pp. 201—211.

Rousseau, J. J. (1911), *Emile*, Everyman ed.

—(1913), *A Discourse on Political Economy*, Everyman ed.

—(1953), *Rousseau: Political Writings*, Watkins, F. (trans.), Nelson, London.

—(1965), *The Political Writings*, Vaughan, C. E. (ed.), Blackwell, Oxford.

—(1968), *The Social Contract*, Cranston, M. (trans.), Penguin Books.

Rowen Factories (1967), *Donors News Bulletin*, No. 5.

Rubinstein, A. Z. (1968), 'Reforms, Non-alignment and Pluralism', *Problems of Communism*, vol. XVII, No. 2. pp. 31—41.

Russell, B. (1938), *Power*, George Allen & Unwin, London.

Sartori, G. (1962), *Democratic Theory*, Wayne State University Press, Detroit.

Sawtell, R. (1968), *Sharing our Industrial Future*? The Industrial Society, London.

Schumpeter, J. A. (1943), *Capitalism*, *Socialism and Democracy*, Geo. Allen & Unwin, London.

Scott Bader(1961), Scott Bader & Co. Ltd.

Scott Bader Commonwealth (n. d.), Scott Bader & Co. Ltd.

Seliger, M. (1968), *The Liberal Politics of John Locke*, Geo. Allen & Unwin, London.

Shklar, J. (1964), 'Rousseau's Images of Authority', *American Political Science Review*, vol. LVIII, No. 4. pp. 919—932.

Singleton, F., & Topham, T. (1963), *Workers' Control in Yugoslavia*, Fabian Research Series, 233, Fabian Society, London.

—(1963a), 'Yugoslav Workers' Control: The Latest Phase', *New Left Review*, No. 18, pp. 73—84.

Smith, A. (1880), *An inquiry into the Nature and Causes of the Wealth of Nations*, 2nd. ed., Clarendon Press, Oxford.

Stephen, F. H. (1967), *Management Structure and Industrial Relations in a Yugoslav Shipyard*, Unpublished paper, Glasgow University.

Stephens, L. (1962), 'A Case for Job Enlargement', *New Society*, 11 Oct.

Sturmthal, A. (1964), *Workers' Councils*, Harvard University Press.

Sugarman, B. (1968), 'The Phoenix Unit: Alliance Against Illness', *New Society*, 6 June.

Talmon, J. L. (1952), *The Origins of Totalitarian Democracy*, Secker & Warburg, London.

Tannenbaum, A. S. (1957), 'Personality Change as a Result of an Experimental Change of Environmental Conditions', *Journal of Abnormal and Social Psychology*, vol. 55, pp. 404—406.

Taylor, C. (1967), 'Neutrality in Political Science' in Laslett, P., and Runciman, W. G. (eds.) *Philosophy*, *Politics and Society*, 3rd series, Blackwell, Oxford.

Tochitch, D. (1964), 'Some Aspects of Workers' Management', *Review*, No. 4, pp. 235—252.

Trist, E. L., & Bamforth, K. W. (1951), 'Some Social and Psychological Consequences of the Longwall Method of Coal-getting', *Human Relations*, vol. Ⅳ, No. 1, pp. 3—38.

Trist, E. J., & Emery, F. E. (1962), 'Socio-technical Systems', in Walker, C. R. (ed.) *Modern Technology and Civilisation*, McGraw Hill, New York.

Trist, E. L., Higgin, G. W., Murray, H., & Pollock, A. B. (1963), *Organisational Choice*, Tavistock, London.

Turner, H. A. (1963), *The Trend of Strikes*, Leeds University Press.

Verba, S. (1961), *Small Groups and Political Behaviour*, Princeton University Press.

Walker, C. R. (ed.) (1962), *Modern Technology and Civilisation*, McGraw Hill, New York.

Walker, C. R., & Guest, R. H. (1952), *The Man on the Assembly Line*, Harvard University Press.

Walker, J. L. (1966), 'A Critique of the Elitist Theory of Democracy', *American Political Science Review*, vol. LX, No. 2, pp. 285—295.

Ward, B. (1957), 'Workers' Management in Yugoslavia', *Journal of Political Economy*, vol. LXV, No. 5, pp. 373—386.

—(1965), 'The Nationalised Firm in Yugoslavia', *American Economic Review*, vol. LV, No. 2, pp. 65—74.

Webb, J. (1962), 'The Sociology of a School', *British Journal of Sociology*, vol. XIII, pp. 264—272.

White, R., & Lippitt, R. (1960), 'Leader Behaviour and Member Behaviour in Three Social Climates', in Cartwright, D., and Zander, A. (eds.) *Group Dynamics*, 2nd. ed., Tavistock, London.

Wolin, S. (1961), *Politics and Vision*, Geo. Allen & Unwin, London.

Woodward, J. (1958), *Management and Technology*, H. M. S. O.

Woodward, J. L., & Roper, E. (1950), 'Political Activity of American Citizens', *American Political Science Review*, vol. XLIV, No. 4. pp. 872—885.

Wright, R. (1961), 'The Gang System in Coventry', *Anarchy*, No. 2, pp. 47—52.

Young, S., 'The Question of Managerial Prerogatives', *Industrial and Labour Relations Review*, vol. 16, No. 2, pp. 240—253.

Zweig, F. (1961), *The Worker in an Affluent Society*, Heinemann, London.

译　后　记

（一）

当我的第一本译著——杜鲁门的《政治过程——政治利益与公共舆论》——出版后，自己对翻译开始产生了兴趣。同时，对国外政治学领域中的许多重要著作由于客观原因被我国的政治学研究忽略而心生遗憾。我国的政治学要在国际政治学领域获得一席之地，研究的国际化是一个基本的要求，但在以英语语言为主的国际学术界，能够熟练地运用英语进行研究的国内政治学学者少之又少。另一方面，我国社会的政治发展需要有较高素质的公民，而且是了解政治活动基本规律的公民。从这一意义上讲，将国外政治学名著介绍到国内，仍具有了一种启蒙的意义。

国内学术界对参与民主理论并不熟悉，但在国际政治学研究中参与民主是民主理论的重要内容之一。这一理论随着 20 世纪 60 年代参与方式和参与活动在政治、经济、社会等诸多领域的兴盛而引起了民主研究者的关注，并逐渐形成一种较为成熟的理论。其中，卡罗尔·佩特曼教授的《参与和民主理论》较为系统地论述了参与民主理论的历史和发展，在此基础上提出了自己对参与在民主发展中的功能的分析。这本书的出版引起了政治学界的普遍关注。该书于 1970 年出版后，几乎每一两年重印一次，至今已经重印 20 多次，并译成多国文字（我国台湾地区亦有中译本），足见其影响力。佩特曼本人也凭借其学术影响而在国际政治学领域声誉卓著，曾当选为国际政治科学协会主席，她是第一位女主席。

值得一提的是，如果没有上海人民出版社以及该社副总编范蔚文先生的支持与协调，译著的出版是难以想象的。最初选定书目后，在徐晓明先生的积极联系下，不仅获得了英文版的原书，还解决了中文版的版权问题。在翻译工作期间，徐晓明先生不断督促、提醒，才使得译著能够在较快的时间内与读者见面；感谢金婕、沈琪编辑为译著出版所做的努力。

在翻译过程中，我得到了胡伟教授的大力支持，葛阳女士帮助我看了初稿，在此表示谢意。同时，还要感谢我过去的同学、现在的同事和朋友的支持、帮助。最后，对一直支持我的家人表示感谢。

陈 尧

上海交通大学国际与公共事务学院

2012 年 3 月

（二）

从《参与和民主理论》第一次翻译出版至今已经十余年，经历了从最初国内学界对参与式民主理论不太熟悉到今天广为人知的过程。上个世纪末以来，尤其是中国共产党的十八大将协商民主确立为国家性制度以来，协商民主和参与式民主已经成为政治学领域乃至社会科学领域一个重要的研究视角。党的十九大指出，坚持党的领导、人民当家作主、依法治国是社会主义政治发展的必然要求。必须坚持中国特色社会主义政治发展道路，发展社会主义协商民主，健全民主制度，丰富民主形式，拓宽民主渠道，保证人民当家作主落实到国家政治生活和社会生活之中。执政党的顶层设计清晰地将民主参与作为社会主义民主政治发展的重要内容。

参与是民主的要义，是民主的真谛。从理论上，作为大多数人统治的民主的本质就是参与，但是，近代代议制民主的兴起使得参与远离了民主，民主逐渐退化为选举政治和政党竞争。当代国际社会的民主实践已经沦落为精英主义民主，普通大众日益远离公共政策过程和政治生活。代议制形式在长期的历史过程中为了所谓的民主稳定和便利，利用阶级性和排他性的规则，通过官僚体制、技术治理、公共舆论以及政治机器对社会日常生活进行控制，将民众在政治生活中的权力压榨到只剩下对政党和选举的影响，严重扼杀了个人在公共生活中的积极性和创造性，社会成员丧失了对公民角色的认知，最终结果是背离了民主的真正精神，使得民主所赖以为基础的公民个体逐渐远离了政治生活而走向了政治的垄断，公共精神在当代自由主义民主政治中已然不复存在。反过来，民众普遍的政治冷漠使得民主的精英化色彩更趋严重，进一步破坏了民主的责任机制，使得民主国家的治理能力遭到削弱。这或许就是近年来国际社会民主回落的一个重要原因。因此，只要民主的政体形式还是代议制，参与式民主将一直具有存在的必然。

再次感谢上海人民出版社的徐晓明先生，在他的积极联系下，中译本连续获得再版的版权。在修订工作期间，徐晓明先生不断督促，才使得中译本能够在较快的时间内与读者见面。

在翻译、修订过程中，得到了许多师友的大力支持，在此一并表示谢意！感谢一直支持我的家人！

陈　尧

上海交通大学国际与公共事务学院

上海交通大学城市治理研究院

2017 年 12 月

图书在版编目(CIP)数据

参与和民主理论/(美)卡罗尔·佩特曼
(Carole Pateman)著;陈尧译.—3版.—上海:上
海人民出版社,2018
(东方编译所译丛)
书名原文:Participation and Democratic Theory
ISBN 978-7-208-15083-6

Ⅰ.①参… Ⅱ.①卡… ②陈… Ⅲ.①民主-理论研
究 Ⅳ.①D082

中国版本图书馆CIP数据核字(2018)第063946号

责任编辑 徐晓明
封面设计 小阳工作室

东方编译所译丛
参与和民主理论
[美]卡罗尔·佩特曼 著
陈 尧 译

出　版	上海人民出版社 (200001 上海福建中路193号)
发　行	上海人民出版社发行中心
印　刷	常熟市新骅印刷有限公司
开　本	635×965 1/16
印　张	8.5
插　页	4
字　数	120,000
版　次	2018年5月第3版
印　次	2018年5月第1次印刷

ISBN 978-7-208-15083-6/D·3194
定　价 35.00元

Participation and Democratic Theory **1st E** (ISBN **9780521290043**) by Carole Pateman. first published by Cambridge University Press **1970.**

东方编译所译丛·政治科学

参与和民主理论　　[美]卡罗尔·佩特曼　著
陈　尧　译　　35.00 元

裙带资本主义
——韩国和菲律宾的腐败与发展　　[美]康灿雄　著
李　巍　石　岩　王　寅　译
42.00 元

民主的模式
——36 个国家的政府形式与政府绩效(第二版)　　[美]阿伦·利普哈特　著
陈　崎　译　　58.00 元

政治分肥
——自民党长期政权的政治经济学　　[日]斋藤淳　著
杨　帆　张　帆　译　　58.00 元

政治科学中的制度理论:新制度主义(第三版)　　[美]B. 盖伊·彼得斯　著
王向民　段红伟　译　　45.00 元

利维坦的诞生
——中世纪及现代早期欧洲的国家与政权建设　　[美]托马斯·埃特曼　著
郭台辉　译　　68.00 元

国家与社会革命
——对法国、俄国和中国的比较分析　　[美]西达·斯考切波　著
何俊志　等译　　62.00 元

国家、政党与社会运动　　[美]杰克·A. 戈德斯通　主编
章延杰　译　　45.00 元

论政治平等　　[美]罗伯特·A. 达尔　著
谢　岳　译　　25.00 元

政治学博弈论　　[美]詹姆斯·D. 莫罗　著
吴澄秋　等译　　56.00 元

俄罗斯未竟的革命
——从戈尔巴乔夫到普京的政治变迁　　[美]迈克尔·麦克福尔　著
唐贤兴　等译　　58.00 元

政治社会学导论(第四版)　　[美]安东尼·奥罗姆　著
张华青　等译　　45.00 元

早期现代世界的革命与反抗　　[美]杰克·A. 戈德斯通　著
章延杰　等译　　75.00 元

政党:组织与权力　　[意]安格鲁·帕尼比昂科　著
周建勇　译　　48.00 元

国家与权力　　[美]理查德·拉克曼　著
郦　菁　等译　　30.00 元

社会运动、政治暴力和国家
——对意大利和德国的比较分析　　[意]多娜泰拉·德拉波尔塔　著
王　涛　等译　　45.00 元

不平等的民主——新镀金时代的政治经济学分析	[美]拉里·M.巴特尔斯 著 方卿 译	48.00元
商业与联盟——贸易如何影响国内政治联盟	[美]罗纳德·罗戈夫斯基 著 杨毅 译	36.00元
政治科学研究方法(第八版)	[美]W.菲利普斯·夏夫利 著 郭继光 等译	32.00元
权力与社会——一项政治研究的框架	[美]哈罗德·D.拉斯韦尔 等著 王菲易 译	40.00元
共识与冲突	[美]西摩·马丁·李普塞特 著 张华青 等译	52.00元
政治人——政治的社会基础	[美]西摩·马丁·李普塞特 著 张绍宗 译	56.00元
民主与再分配	[美]卡莱斯·鲍什 著 熊洁 译	33.00元
现代化的政治	[美]戴维·E.阿普特 著 陈尧 译	55.00元
民主的经济理论	[美]安东尼·唐斯 著 姚洋 等译	32.00元
城市政治学理论	[英]戴维·贾奇 等编 刘晔 译	38.00元
政治与构想——西方政治思想的延续和创新(扩充版)	[美]谢尔登·S.沃林 著 辛亨复 译	78.00元
民主	[美]查尔斯·蒂利 著 魏洪钟 译	40.00元
选举制度与政党制度	[美]阿伦·利普哈特 著 谢岳 译	38.00元
腐败征候群:财富、权力和民主	[美]迈克尔·约翰斯顿 著 袁建华 译	33.00元
国家的艺术	[英]克里斯托弗·胡德 著 彭勃 等译	27.00元
变化社会中的政治秩序	[美]塞缪尔·P.亨廷顿 著 王冠华 等译	59.00元
国家:本质、发展与前景	[美]贾恩弗朗哥·波齐 著 陈尧 译	24.00元
强制、资本和欧洲国家(公元990—1992年)	[美]查尔斯·蒂利 著 魏洪钟 译	30.00元
集体暴力的政治	[美]查尔斯·蒂利 著 谢岳 译	24.00元
经济制度与民主改革	[丹麦]奥勒·诺格德 著 孙友晋 等译	28.00元
政治学理论与方法	[挪威]斯坦因·U.拉尔森 主编 任晓 等译	42.00元